드러커 피드백 수첩

DRUCKER FEEDBACK DIARY

DRUCKER RYU 'FEEDBACK' TECHOU

copyright © 2016 Yasushi Isaka

Original Japanese edition published by Kanki Publishing Inc

Korean translation rights arranged with Kanki Publishing Inc

through The English Agency (Japan) Ltd. and Danny Hong Agency.

Korean translation copyright © 2017 by Chungrim Publishing Co., Ltd.

하루 10분 + 4개의 다짐으로
인 생 을 바 꾸 는

드러커
피드백
수첩

DRUCKER FEEDBACK DIARY

· 이사카 다카시 + 피드백 수첩 연구회 지음 | 김윤수 옮김 ·

청림출판

당신은 자신의 진정한
강점을 아는가?
...
강점도 아닌 일을
계속하고 있지는 않은가?
...
자신의 새로운 가능성을
깨닫고 싶은가?

스스로를
관찰하고
피드백하라!

약점을
극복할 필요는 없다.
...
천천히 서둘러라.
시간과 경쟁할 필요는 없다.
...
자신을 억지로
바꿀 필요는 없다.

당신 삶을
바꾸기 위해
필요한 것은

단 하나,

'피드백' 하는 것!

강점을 발견할 수 있는 방법은 하나밖에 없다. 바로 피드백(feedback) 분석이다. _《프로페셔널의 조건》_

　경영학의 아버지라 불리는 피터 드러커의 말이다. 내가 이 말을 처음 들은 것은 약 15년 전의 일이다. 그리고 11년 전, 나는 캘리포니아에 있는 드러커의 자택에 방문했다. 그리고 그와 직접 대화를 나눌 수 있는 소중한 기회를 얻었다. 그때 드러커가 내게 거듭 강조한 것도 '피드백'의 중요성이었다.

무언가를 하기로 결심했으면 즉시 어떤 성과를 기대하는지 수첩에 적어둔다. 9개월 혹은 12개월 뒤, 그 기대와 실제 결과를 비교한다.

(중략) 그렇게 하다 보면 이삼 년 안에 자신의 강점이 무엇인지 명확히 알 수 있다. (중략) 자신의 강점이 아닌 것도 분명히 알게 된다. 《프로페셔널의 조건》

피드백은 경영학을 비롯해 드러커의 모든 지적 체계의 근간을 이루는 개념이다. 드러커 자신도 피드백으로 스스로를 경영함으로써 자기주도적으로 인생을 창조하고 있었다.

나도 피드백 분석을 50여 년 동안 계속하고 있다. 피드백 분석의 효과를 체험할 때마다 놀라곤 한다. 이 피드백을 한다면 누구나 똑같이 놀라게 된다. 《프로페셔널의 조건》

한 지적 거인이 실천한 최강의 자기계발법. 나는 드러커의 자기계발법을 직접 실천하기 위한 방법을 오랜 시간 동안 모색해왔고 마침내 한 가지 결론을 얻을 수 있었다.

드러커 자기계발법의 진수는 생각하거나 깨달은 점을 즉시 적어둘 수 있는 수첩에 있다. 나는 그것을 '피드백 수첩'이라고 이름 붙었다.

수첩 하나만 있으면 드러커 자기계발법의 진수인 피드백을 누구나 손쉽게 따라할 수 있다.

다음은 피드백 수첩의 기본 사용법이다.

① '자신과의 대화'를 한다.
② 대화를 근거로 '목표를 설정'한다.
③ 목표를 바탕으로 '행동'한다.
④ '목표와 성과를 비교'한다.

그리고 이 과정을 계속 반복한다.

피드백 수첩을 작성할 때 목표를 달성했는지는 중요하지 않다. 이 방법은 사업계획이나 PDCA(계획plan-실행do-확인check-조처action) 사이클 등과 비슷해 보이지만 실은 전혀 다르다.

피드백 수첩에 시간을 들여 자신의 강점을 파악하는 것이 가장 중요하다. 그리고 그 강점을 바탕으로 자신을 성장시켜야 한다.

약점을 극복하려고 애쓰는 것보다 자신의 강점에 집중하는 것이, 성과를 올리기도 더 쉽고 노력도 덜 들며 스트레스도 적다.

보물은 당신 안에 잠들어 있다.
그 보물을 손에 넣을 수 있는지 없는지는 당신 자신에게 달려 있다.

이 단순한 수첩은 당신의 강점을 파악하게 해주고 강점을 최대로 활용할 수 있는 분야를 알려줄 것이다. 그리고 궁극적으로는 꿈꾸어 온 성과나 성장으로 당신을 이끌어줄 것이다.

수첩을 항상 가지고 다녀라. 이 수첩이야말로 당신을 이해해주는 최고의 파트너로서 당신의 마음을 평온하게 해주고 하루하루를 한없이 풍요롭게 해줄 것이다.

이 작은 수첩이 직장인은 물론 취업 준비 중인 학생, 육아를 마치고 재취업을 계획 중인 여성, 정년을 넘긴 시니어, 프로와 아마추어 운동선수 등 많은 사람들에게 도움이 되기를 바란다.

당신에게 '만족스러운 인생'이란 무엇인가?
그 대답은 피드백 수첩을 통해 당신 자신이 가르쳐줄 것이다.

2016년 5월

이사카 야스시(井坂康志)

CONTENTS

1부 '피드백 수첩'이란 무엇인가

2부 '피드백 수첩'을 사용하는 방법

3부 성공적인 제2의 인생을 준비하는 '하프타임'

4부 경영학의 대가 피터 드러커를 만든 '피드백 공부법'

의식의 변화가 가장 큰 자기변화를 불러온다

1부
'피드백 수첩'이란 무엇인가?

'피드백'으로 나답게 성장한다

인생을 '경영'하는 발상을 갖는다

드러커는 경영의 세계에서 굳이 설명하지 않아도 다들 아는 거장이다. 경영이라고 하면 대기업의 경영자, 예를 들면 잭 웰치, 빌 게이츠, 제프 베조스…… 그런 이름들이 떠오를 것이다.

물론 경영은 기업을 이끌어가는 데 매우 유용하다. 하지만 이 말을 들으면 어떨까.

경영은 비즈니스뿐 아니라 당신의 인생에도 도움이 된다.

드러커가 컨설팅한 GE나 IBM 같은 기업과 당신 사이에는 본질적으로 여러가지 공통점이 있다. 기업의 비즈니스나 당신의 인생이나 다음과 같은 동일한 상황을 맞닥뜨리고 있지 않은가?

· 한 가지 과제를 완수하면 다음 날에는 다른 새로운 과제가 등장한다.

· 바꿔야 할 것과 바꿔서는 안 될 것 사이에서 균형을 맞추며 앞으로 나아간다.

수많은 기업을 육성한 드러커의 경영, 그 근간을 이루는 것이 바로 피드백이다. 그런데 당신도 이 피드백을 자신의 성장에 활용할 수 있다. 우선 다음 사항을 명심하기 바란다.

인생을 경영하는 주체는 언제, 어떤 상황에서도 당신 자신이다.

타인이 권유하는 인생의 성공법칙에서 주체는 당신 자신이 아니다. 자신에게 맞지 않는 것은 오래 지속되지 않을뿐더러 도리어 성공에 대한 강박관념을 불러일으키고 인생을 파괴할 수도 있다.

타인이 권유하는 인생의 성공법칙에 휘둘리지 말고 자신의 내면에서 조용히 솟아나는 샘물에 눈을 돌려야 한다.

'말'로 자기 자신을 컨트롤한다

인생을 경영하는 데 또 한 가지 중요한 점이 있다. 자기 자신을 확실하게 컨트롤하는 것이다.

경영(manage)에는 '말고삐를 다룬다'는 의미가 있다.

승마는 힘센 말을 고삐 하나로 장악해서 마음대로 컨트롤하는 운동이다. 동서양을 막론하고 승마가 특권계급의 취미가 된 데는 이유가 있다. 승마는 말고삐 하나를 컨트롤함으로써 미션을 현명하게 수행하는 것의 상징이었기 때문이다.

자신을 떠올려보자. 자기 자신을 뜻대로 컨트롤하고 있는가. 아마 그렇지 않다고 하는 사람이 많을 것이다.

그러면 사람은 무엇으로 컨트롤되는가?
바로 '말(言)'이다.

예를 들어 무언가를 하고 싶다는 의욕이 자신의 내면에서 끓어올랐다고 하자. 그때에는 그 무언가를 말로 기록해 의식화함으로써 자기 자신과 약속을 해야 한다. 이른바 목표 설정이다.

그다음에는 그 약속을 토대로 자기 자신을 컨트롤한다. 다른 사람이 강요한 약속이 아니라 자신과의 약속이다.

모든 일에서 우리는 자기 자신과의 약속을 가장 중요시해야 한다. 이것을 드러커는 '진지함'이라고 불렀다. 진지함은 당신이 성장하는 데 무엇보다 큰 역할을 할 것이다.

자기 자신을 경영하는 구조가 바로 피드백이다.
피드백은 말을 행동으로 옮기고
자신이 의도한 성장으로 자신을 이끄는 '또 하나의 뇌'다.

천리 길도 한 걸음부터.
끝까지 고삐를 놓지 않고 긴 인생을 자신의 속도로 걸어가자. 어느 순간 당신은 상상 이상의 높은 곳에 도달해 있을 것이다.

'강점'을 의식하면서 '피드백'한다

피드백을 하는 방법은 다음과 같다.

① '자신과의 대화'를 한다.
② 대화를 근거로 '목표를 설정'한다.
③ 목표를 바탕으로 '행동'한다.
④ '목표와 성과를 비교'한다.

그리고 이 과정을 계속 반복한다.
피드백의 반복을 통해 자신의 강점을 파악하고 그 강점을 토대로 자신을 성장시킨다.

피드백으로 자기 자신을 모니터링해야 한다. 즉 스스로를 세심하게 관찰함으로써 자신의 행동이 설정한 목표에 부합되는지를 확인해야 한다.

설정한 목표가 적절한지 부적절한지 판단하는 기준은 강점이다. 강점에 근거한 목표를 설정하는 일은 자연스럽게 자신을 성장시킨다.

피드백을 실천하려면 항상 다음과 같은 사항을 염두에 두자.

▣ '강점' 파악

강점을 파악하는 목적은 목표 달성이 아니다. 파악한 강점을 토대로 자신을 성장시키기 위한 것이다. 이것이 바로 피드백의 핵심이다.

▣ '강점이 아닌 것'은 그만두기

강점을 파악하다 보면 자연히 '강점이 아닌 것'을 알게 된다. 자신의 강점이 아닌 것은 바로 그만둔다. 이렇게 하면 불필요한 시간 낭비나 스트레스 요인을 제거하고 강점에 초점을 맞출 수 있다.

▣ '강점의 원석' 발견

뜻밖의 성공 경험이나 다른 사람들의 평가는 그동안 알지 못했던 자신의 가능성을 깨닫게 해준다. 이것이 새로운 강점 후보가 된다.

각 사항의 자세한 내용은 2부에서 상세히 설명하겠다.

그림 1

'피드백'은 자신과의 대화에서 시작된다

목표를 설정하기 전에 반드시 자신과의 대화를 해야 한다.
그렇게 한 다음에 적절한 목표를 토대로 행동하고 목표와 성과를 비교한다.
피드백이 성장 회로가 되는 이유는 이 자신과의 대화에 있다.

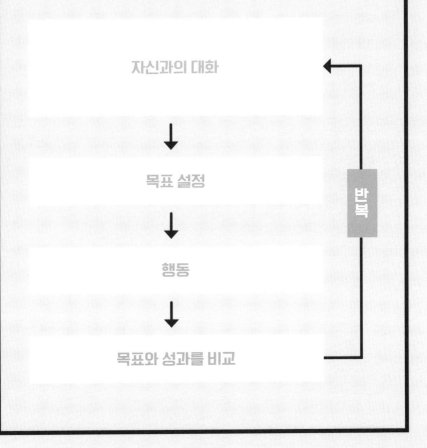

그림 2

'피드백'을 통해 '강점'을 파악한다

반복적으로 강점을 파악함으로써 강점을 업데이트한다.
강점이 아닌 것은 그만둠과 동시에 강점의 원석도 발견해간다.
이렇게 함으로써 진정한 강점을 파악하고 자신을 구축해간다.

'강점의 원석' 발견

'강점' 파악

'강점이 아닌 것'은 그만두기

있는 그대로의 자신과 마주한다

드러커는 평생 피드백을 실천함으로써 많은 일들을 훌륭히 해냈다. 그런 의미에서 드러커의 인품과 업적은 모두 피드백의 작품이라 할 수 있다.

이 효과적인 자기계발법을 우리의 것으로 만들려면 어떻게 해야 할까. 혹시 드러커가 가지고 있던 깊은 통찰력과 교양이 우리에게도 필요한 것은 아닐까? 그렇지 않다. 피드백은 누구나 할 수 있다.

필요한 것은 단지 자신을 있는 그대로 관찰하는 습관이다. 자신의 참모습을 있는 그대로 받아들일 수 있어야 한다.

사람들은 자신의 실상을 직시할 때 자꾸 결점에만 신경을 쓴다. "나는 강점이 하나도 없을지도 모른다……."

"칭찬 받은 일보다 비판 받은 일만 떠오른다……"

"나 자신을 되돌아볼 여유 따위는 없다. 지금을 살아가는 것만으로도 벅차다……"

하지만 걱정할 필요 없다. 피드백은 당신의 단점이나 약점에는 아무 관심도 없다. 피드백은 그 누구보다 당신을 잘 이해하는 인생의 든든한 동반자다. 당신이 강점을 찾아내고 당신답게 인생을 창조하도록 도와준다.

피드백의 첫 걸음을 내디뎌보자.
자기 자신이 어떤 사람인지 알게 될 것이다.

당신 안에 있는 보물은 아무도 빼앗아 갈 수 없다. 당신만이 그 보물을 손에 쥘 수 있다. 하지만 얼마나 많은 사람들이 그 보물을 발견하기 전에 인생을 마치고 마는가.

이때 절대 초조해져서는 안 된다. 굳건히 착실하게 접근해야 한다.

"천천히 서둘러라."

로마 시대의 격언이다. 이 문장을 꼭 마음에 새겨두기 바란다.

나 자신의 의지로 시작한다

피드백은 '지금, 여기'의 자신에서 시작한다.

자신의 의지에 따라 목표를 철저하게 의식하고 스스로에게 무리가 가지 않는 강도로 지속해나가야 한다.

피드백의 핵심은 나 자신의 의지로 시작하는 데 있다.

기업을 떠올려보자. 기업은 기업 이념이나 목표를 토대로 날마다 혁신하고 성장한다. 기업 외부에서 급격한 성장을 요구한다고 해도 기업은 그 요구를 그대로 따르면 안 된다. 무리하게 밀어붙이면 단기간에 성장은 할 수 있다. 하지만 무리한 성장은 장기적으론 반드시 잘못된 결과를 가져오기 마련이다.

상사나 선생님, 부모 등 다른 사람이 강요한 일을 할 때 스스로 무리하고 있다고 느낀 적은 없었는가?

드러커에 따르면 피드백은 생명운동이다.

숨쉬기를 떠올려보자. 숨쉬기는 외부에서 산소를 몸 속으로 받아들여 이산화탄소를 몸 밖으로 배출하는 행위다. 숨쉬기를 누군가가 강요해서 하는가?

그렇지 않다.

피드백 구조를 반복하기 시작하면 마치 숨을 쉬듯이 거의 무의식 중에 이 뛰어난 구조를 이용할 수 있다. 더구나 피드백 효과를 어느 정도 실감하게 되면 피드백 자체가 마음을 편하게 한다. 무언가를 위해 열심히 하는 행위가 아니라 피드백을 하는 것만으로도 마음이 편안해지는 것이다.

좋아하는 노래를 부르거나 춤을 추는 감각이다.

마음을 담고 정성을 들이면 피드백 효과는 한층 더 커진다. 뭔가 중요한 사실을 알아채고 신중하게 생각해야 할 때는 자기 마음의 요구에 귀를 기울여보자. 불교 수행자가 하듯이 정신을 한데 모으고 느긋하게 편안한 마음을 가져보자.

오감을 작동시킨다

앞서 비즈니스나 인생에서도 경영의 본질은 변하지 않는다고 했다. 그렇기 때문에 말할 수 있다.

직접 자신의 발로 찾아가서 눈과 귀를 활짝 열어보자.

중요한 일일수록 이 원칙에 충실해야 한다.

드러커는 군대를 예로 들어 군대가 조직으로서 기능할 수 있는 이유에 대해 다음과 같이 서술한다.

오래전부터 군대에서는 명령이 제대로 실행되지 못할 운명이라는 것을 알고 있었다. 그래서 군대는 명령의 실행 여부를 확인하기 위해 명령 체계에 피드백을 조직화했다. 《피터 드러커의 자기경영노트》

훌륭한 군대에는 부하의 보고를 액면 그대로 믿지 않을뿐더러 정보를 쉽게 신뢰하지 않는 '건전한 문화'가 정착돼 있다고 한다.

명령은 실행되지 않으면 단순한 말장난에 불과하다. 말은 현실과의 대화를 거쳐야 비로소 진실성을 획득한다.

현장과 나누는 대화는 비즈니스에서도 똑같이 중요하다. 드러커는 "제너럴 모터스의 CEO 알프레드 슬론은 일 년에 두 번씩 현장 사람들과 회의를 했다"고 기록한다. '슬론 회의'라고 불린 이 회의로 슬론은 자신의 좁은 시야를 보완했다.

피드백의 아주 중요한 특징 중 하나는 말로써 자기 자신을 움직이게 해야 한다는 것이다. 그래서 그것이 단순히 말장난이 되지 않게 하기 위해서라도 오감을 통한 체험이 뒷받침되어야 한다.

자신의 인생을 경영하는 데 있어 부디 이 말을 마음에 새겨두기 바란다.

'엘자식 노트'가 드러커의 인생을 바꾸었다

드러커가 초등학생 시절의 일이다.

담임인 엘자 선생님은 학생들의 강점을 찾아내는 데 천부적인 재능을 가지고 있었다. 드러커는 어린 시절부터 별다른 노력을 기울이지 않고도 작문을 잘했다. 엘자 선생님은 그 점을 알고 있었다.

어떻게 선생님은 드러커의 강점을 알아채고 키워줄 수 있었을까.

비밀은 '엘자식 노트'에 있다. 그리고 이것이 훗날 드러커가 말하는 '피드백 분석'의 원형이 되었다.

엘자식 노트는 두 권의 노트를 사용하는데, 그 방법이 너무나 단순하다.

한 권을 소년 드러커에게 준다. 이 노트는 활동을 보고하고 목표를 설정하기 위한 것이다. 드러커는 읽은 책의 감상 등 일주일의 성과를 쓰고 다음 주의 목표를 써서 제출한다.

다른 한 권은 엘자 선생님이 사용한다. 엘자 선생님은 드러커의 노트를 꼼꼼하게 읽고 감상과 다음 주의 기대사항을 노트에 적는다.

드러커는 선생님의 기대사항을 확인하고 다음 주 목표를 다시 세운다. 그 목표를 토대로 다음 일주일을 보내는 것이다.

일주일이 지나면 노트에 그 주의 성과와 다음 주 목표를 적어서 엘자 선생님에게 제출한다.

교환일기처럼 이 일이 일주일에 한 번씩 반복되었다.

그러면서 드러커는 자신의 성장을 실감하게 된다.

피드백을 할 때마다 변화하는 자신, 성장하는 보람과 실감.

드러커는 후에 "나는 엘자 선생님에게 깊은 감화를 받았다"라고 고백할 정도로 엘자 선생님에게 큰 영향을 받았다.

그리고 드러커는 이 사고방식을 체계화하여 먼 훗날에 김나지움(독일의 인문계 고등학교) 졸업시험과 박사 학위 취득, 경영 컨설팅 등을 준비할 때도 활용했다.

필요한 것은 단지 자신을 있는 그대로 관찰하는 습관이다.

자신의 참모습을 있는 그대로 받아들일 수 있어야 한다.

2장

세상에서 나를 가장 잘 이해하는 수첩

수첩 하나로 시작할 수 있다

피드백을 실천할 때 아주 중요한 것이 있다. 바로 수첩을 활용한다는 점이다.

아주 평범한 수첩만으로도 충분하다.
단, 다이어리 형태가 아닌 백지나 괘선만 있는 것을 선택한다.

'피드백 수첩'은 수첩 자체가 아니라 수첩을 사용하는 방식이다.
사용하지 않는 수첩이 있다면 지금 당장 시작할 수 있다. 피드백 수첩을 쓰는 사람들은 일정을 관리하는 다이어리와 별도로 피드백 수첩으로 쓰기 위한 노트를 가지고 있다.

■ 크기

크기는 상관없다. 이미 실천하고 있는 사람들이 사용하는 노트의 크기를 보면 모두 제각각이다. 항상 휴대하면서 생각이 떠오를 때면 언제든 바로 적을 수 있으면 된다. 이 '바로'가 중요하다. 참고로 나는 재킷 주머니에 들어가는 B7판(가로91mm×세로128mm의 크기)을 사용한다.

■ 페이지 수

기본적으로 하루 한 페이지씩 사용하기 때문에 어느 정도 페이지가 있어야 좋다. 하지만 2, 3개월에 한 권이라고 생각하면 페이지 수에 그리 연연할 필요는 없다.

손에 익숙한 느낌이라면 어떤 형태의 수첩이든 상관없다. 특별할 것 없는 평범한 메모장을 피드백 수첩으로 바꾸는 사람은 바로 당신 자신이다.

그 구체적인 방법은 2부에서 자세히 설명하겠다.

시간을 갖고 충분히 생각한다

드러커는 종종 "심사숙고는 훌륭한 업무다"라고 강조했다.

잊기 쉽지만 앞으로 피드백을 실천하면서 꼭 기억해야 할 금언이다. 이때 중요한 것이 있다.

피드백은 '손 글씨'로 착실하게 써 나가야 한다는 점이다.
손으로 써 나가는 과정은 시간을 들여서 충분히 생각하게 만들기 때문이다.

요즘 세상에 이처럼 원시적인 방법을 써야 한다는 사실에 거부감이 드는 사람도 있을 것이다.

물론 컴퓨터 키보드는 긴 문장을 짧은 시간 안에 입력할 수 있어서 편리하다. 하지만 피드백에서는 긴 문장을 입력할 필요가 없다.

손 글씨로 천천히 적어나감으로써 자연스럽게 사고의 속도에 맞는 리듬으로 생각을 전개해나갈 수 있다.

천천히 생각하기 위해서 천천히 쓰는 것이다.
목적은 적는 행위가 아니라 생각하는 것에 있다.

피드백은 어설픈데 빠르기만 하다고 좋은 것이 아니다.

《도연초(徒然草)》(14세기 중반, 요시다 겐코가 쓴 일본 3대 수필 중 하나—옮긴이)를 보면 "뛰어난 장인은 일부러 무딘 칼을 쓴다"라는 문장이 있다. 너무 잘 드는 칼은 작품을 차분하게 완성하는 데 오히려 해가 될 수도 있기 때문이다.

드러커는 구식 타자기를 사용하고 손 글씨를 쓰는 사람이었다. 전자기기는 전혀 사용하지 않았다.

피드백은 어디까지나 살아 있는 사람이 하는 것이다. 살아 있는 사람에게는 조금 불편한 정도의 도구가 오히려 어울린다.

피드백은 정성스레 반복하는 것이 중요하다.

전통 공예 장인의 우직함과 인내심이 더욱 요청되는 세상이다. 요령 없이 우직한 사람일수록 피드백과 잘 어울린다.

써 나감으로써 머리를 정리하고 마음을 안정시킨다

짜증이 나거나 마음이 불안할 때를 떠올려보자. 별다른 이유 없이 초조해진다. 의식하지 못한 상태에서 감정이 요동치는 상태다. 그런 상태에서는 사고가 얕아지고 우선순위를 정확하게 판단할 수 없다.

그럴 때야말로 '써 나가야' 한다. 쓰는 행위는 자신의 무의식과 나누는 대화이기 때문이다.

불교 수행자나 합기도 사범들은 호흡법의 달인이다. 정성스러운 심호흡이 심신을 개운하게 하는 것처럼 써 나감으로써 머리를 정리하고 마음을 안정시킬 수 있다.

늘 이 수첩을 가지고 다닌다는 것은 의식의 안전지대, 이른바 마음의 비무장지대를 손바닥 안에 넣고 다니는 셈이다.

언제든 당신 자신으로 돌아갈 수 있는 곳, 당신 자신과 진지하게

43

마주하고 대화할 수 있는 곳.
그곳이 바로 손 글씨로 써 나가는 수첩이다.

'마음챙김(mindfulness)'이라는 말을 들은 적이 있는가?

피터 드러커 경영대학원의 교수인 제레미 헌터가 써서 유명해진 말로 구체적으로는 다음과 같은 상태를 말한다.

· 무심(無心)으로 마음이 차분하다.

· 높은 집중력을 유지한다.

· 말을 적절하게 컨트롤한다.

· 주변 움직임에 언제든 기민하게 반응한다.

차분하고 자신다우며 능력을 최대치로 발휘할 수 있는 상태.
이것을 마음챙김이라고 한다.
피드백을 실천하면 마음챙김에 가까운 상태가 된다.

차분한 마음은 지식을 양식으로 삼는 프로에게 반드시 필요하다. 말로 마음을 정돈하고 자기 자신을 냉정하게 컨트롤하는 것, 이는 높은 능률을 실현하기 위한 필수 조건이다.

다른 사람의 목소리에 귀를 기울인다

피드백의 기본은 대화다. 자신과의 대화, 다른 사람과의 대화. 대화는 한결같이 귀를 기울임으로써 성립되는 행위다.

이노베이션과 마케팅, 전략 등 드러커의 지적 틀을 이루는 모든 것들은 다른 사람의 목소리에 귀를 기울이는 행동에서 시작한다.

드러커는 다음과 같이 말한다.

지식 노동자에게는 듣는 힘이 무기다. 《21세기 지식경영》

듣는 일은 말처럼 쉽지가 않다. 대부분 사람들이 상대방 말에 귀를 기울여야 할 때 속으로 다른 생각을 하기 때문이다. 상대가 말을 하는 동안 자신이 다음에 하고 싶은 말을 생각하거나 때로는 말을 가로막기도 하고 끼어들면서 대화를 망친다.

피드백은 자신과의 대화이면서 다른 사람과의 대화이다.
완전히 집중해야만 시작할 수 있다.

　이때 손 글씨로 작성하는 수첩이 도움이 된다. 손 글씨로 적음으로써 상대방 말에 집중할 수 있고 충실한 청자가 될 수 있다. 신선한 공기를 한껏 들이켜듯이 상대방의 말을 분명하게 들을 수 있다.

손을 움직여 쓰는 행위는 마음이 수다를 떨 여지를 주지 않는다.

　수첩에 메모를 하면서 진지하게 귀를 기울이는 자세는 상대방에게 성실하고 겸허한 인상을 주고 신뢰감도 높인다. 이렇게 하면 화자로부터 유익한 정보를 얻기도 수월해진다.
　수첩에 손 글씨로 피드백을 써 나가면 앞에서 말한 의미와 효과를 얻을 수 있다. 원칙대로 실천해보자.

왜 드러커는 일본화를 감상했을까?

드러커는 침묵 속에서 자신과 마주하는 시간을 소중히 여겼다. 그는 세상을 뜰 때까지 이 습관을 계속해나갔다.

그는 피곤할 때면 일본의 선화(禪畵: 불교에서 스님들이 수행을 목적으로 그리는 그림)를 바라보았다고 한다. 그렇게 함으로써 드러커는 마음의 기압을 조정하고 균형을 회복시켜 정신을 가다듬었던 것이다.

일상의 잡다한 정보 속에는 머리와 마음을 오염시키는 다양한 이물들이 섞여 있다. 일본화가 지닌 순도 높은 정신은 그러한 이물로부터 드러커의 머리와 마음을 지켜주었다. 양질의 정보와 마주하는 시간을 갖는 일은 머리와 마음의 정화, 이른바 디톡스 효과라는 의미에서도 효력이 있다.

드러커에게 일본화 감상은 경영학자의 단순한 취미거리가 아니었다. 드러커는 일본화를 통해 자신의 지각력을 근본부터 개발하고 키울 수 있었다.

드러커는 움직이는 무언가를 보는 것은 삼갔다고 한다. 텔레비전을 보지 않았을 뿐만 아니라 컴퓨터도 사용하지 않았다.

정보의 폭음과 폭식을 피하고 필요한 최소한의 양질의 정보만을 자기 안에 받아들이기 위해서였다.

일본의 선화는 '움직이지 않는 정보'의 진수였다. 사람도 사회도 움직인다. 하지만 명화는 움직이지 않는다. 전혀 흔들림이 없다.

드러커는 움직이지 않는 정보로서 일본화를 받아들였고 스스로 탐구하며 일본화의 주인공인 옛 선현들과 마음의 대화를 나누었다.

일본의 선화는 그의 마음이 향해야 할 장소로 되돌아가게 해주는 예술이었다. 또한 생각해야 할 일을 생각하고, 해야 할 일을 하도록 알려주는 유일한 벗이자 영적인 피드백 장치였다.

움직이지 않는 것과 대화하고 자기 자신과 마주하는 것은 힘이 세다.

손에 익숙한 느낌이라면 어떤 형태의 수첩이든 상관없다.

특별할 것 없는 평범한 메모장을 피드백 수첩으로 바꾸는 사람은

바로 당신 자신이다.

오늘 우리가 배운 지식은 내일의 행동을 위한 정보다

2부
'피드백 수첩'을 사용하는 방법

3장

'피드백 수첩'의 전체상을 파악한다

피드백 프레임워크를 머리에 각인시킨다

이제 피드백을 실천하는 방법을 소개하겠다.

다시 반복하지만 수첩을 이용해서 다음의 기본 행동을 한다.

① '자신과의 대화'를 한다.

② 대화를 근거로 '목표를 설정'한다.

③ 목표를 바탕으로 '행동'한다.

④ '목표와 성과를 비교'한다.

그리고 이 과정을 계속 반복한다.

피드백의 반복을 통해 자신의 강점을 파악하고 그 강점을 토대로 자신을 성장시킨다.

피드백을 실천하면서 다음의 기본 프레임워크를 기억해두기 바란다. 자세한 사항은 나중에 설명하기로 하고, 우선 전체상부터 파악해보자.

■ '강점'에 초점을 맞춘다(→62페이지 참조)

　'강점' 파악

　'강점이 아닌 것'은 그만두기

　'강점의 원석' 발견

■ '네 개의 공간'으로 생각한다(→92페이지 참조)

　복수의 시점이나 선택지를 갖기 위해서 항상 네 개의 공간을 의식한다.

■ '세 개의 시간'을 의식한다(→110페이지 참조)

　기본 단위는 '일 년'이다.

　'하루'와 '일생'도 함께 생각한다.

기본 행동이 몸에 배게 한다

피드백 수첩에서는 다음의 기본 행동을 반복한다. 하루 단위, 일 년 단위로 같은 일을 하는 것이다. 마치 건강을 위해서 매일 몸의 컨디션을 체크하고 매년 정기 건강검진을 받듯이 매일, 그리고 매년 자신을 돌아본다.

① 자신과의 대화

자신과의 대화는 간단히 말하면 목표 설정을 위한 준비 단계이다. 자신과의 대화를 할 때는 다음 두 가지를 유의하자.

하나, 회사나 가족 등 주변의 기대는 일단 모두 잊고 자신의 내면과 진지하게 마주해야 한다. 외부의 강압적인 목표가 아니라 자신이 바라는 성과를 목표로 삼기 위해서 이는 아주 중요한 일이다.

둘, 강점을 의식해야 한다. 막연한 이상이나 망상이 아니라 자신의 강점을 토대로 자신이 진정 해야 할 일을 생각해봐야 한다.

②목표 설정

일 년 피드백과 하루 피드백은 동시에 진행한다. 다시 말해 일 년의 목표를 세우고 그것을 염두에 두고 매일 하루의 목표를 세워야 한다.

일 년의 목표는 노력할 방향을 제시하고, 하루의 목표는 한층 구체적인 목표나 실행해야 할 작업으로 구성된다.

③행동

자신이 세운 목표를 바탕으로 하루를 보낸다. 피드백 수첩을 항상 휴대하면서 자신의 강점과 관련해 깨달은 일은 즉시 적어둔다.

④목표와 성과를 비교

매일, 매년 목표와 성과를 비교한다.

자세한 설명은 나중에 하겠지만 강점은 성과로 나타난다. 목표와 성과를 비교한 결과, 성과가 올라간 것을 강점이라고 생각한다.

그 결과를 바탕으로 다시 자신과의 대화를 진행하고, 다음 목표를 설정한다.

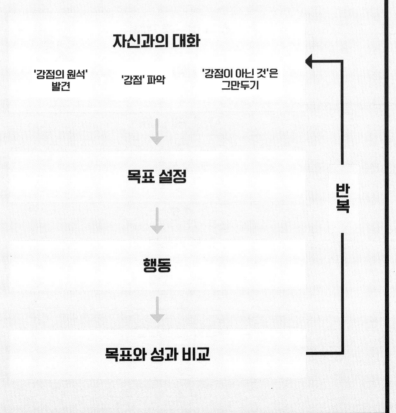

그림 3

'피드백'의 기본 행동

자신과의 대화→목표 설정→행동→목표와 성과 비교, 이 과정을 반복한다.
강점을 의식하면서 자신과의 대화를 통하여 목표를 설정하는 것이 중요하다.
일 년 단위, 하루 단위로 이 기본 행동을 병행하여 반복한다.
'일 년 피드백'을 하면서 매일 '하루 피드백'을 하는 것이다.

자신과의 대화

| '강점의 원석' 발견 | '강점' 파악 | '강점이 아닌 것'은 그만두기 |

목표 설정

행동

목표와 성과 비교

반복

그림 4

'피드백' 순서

처음 시작할 때 '하루 피드백'을 일주일 정도 체험해서 자신에게 익숙해지게 한다.
'일 년 피드백'을 시작할 때도 약 일주일에 걸쳐 일 년의 목표를 설정한다.
이후 일 년의 목표를 항상 의식하면서 '하루 피드백'을 반복한다.
(자세한 설명은 122~138페이지를 참조)

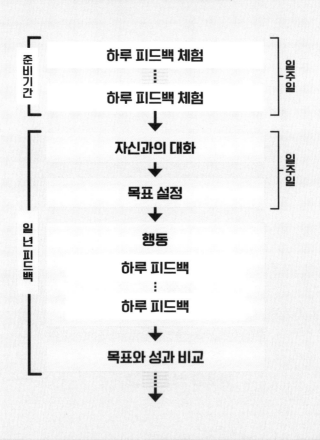

서양문명을 창조한 비책 중 비책

18세에 빈의 김나지움을 졸업한 드러커는 한시라도 빨리 사회에 나가고 싶다는 일념으로 독일 함부르크의 한 상점에 취직한다. 그는 업무가 끝난 뒤에는 매일같이 도서관에서 책을 읽으며 시간을 보냈다.

그러던 중 그는 한 문헌에서 충격적인 사실을 발견하게 된다. 유럽 기독교의 포교에 대한 역사였다.

16세기 유럽의 기독교는 남쪽은 가톨릭의 예수회, 북쪽은 프로테스탄트의 칼비니즘이 지배 세력으로 양분되는데, 포교는 우연히 채용된 한 비책에 의해 추진되었다고 한다.

바로 기대하는 성과를 적어놓고 일정기간 후에 실제 성과와 기대를 비교한다는 단순한 방법이다.

이것이 드러커가 말하는 피드백이다.

예수회 수도사든 칼뱅파 목사든 대부분 평범한 사람들이었다. 더구나 대부분의 사람들은 저마다 독립적으로 포교활동을 하고 있었다. 종교개혁 후에는 반동이 있어 박해를 피해 지하에 숨기도 했지만 중도 포기자는 거의 없었다고 한다.

활동하고 난 후의 실제 성과를 처음의 기대에 피드백하는 일은 의지를 견고하게 한다. 또한 활동 성과와 자신의 성장에 집중하여 일에 정진할 수 있도록 도와준다.

드러커는 이 역사적 사실에 눈을 뜨게 되어 마침내 경영 방법의 하나로써 '피드백 분석'을 확립하기에 이른다. 그리고 이 단순한 원칙은 드러커의 경영, 마케팅, 이노베이션 등 상황에 따라 다양하게 적용되는 '피드백 사고법'의 기본형태가 된다.

피드백에는 일단 실천하기 시작하면 중도에 그만두지 못하는 어떤 강력한 힘이 있다. 중세 유럽 기독교의 발전사가 이 강력한 힘을 증명한다. 피드백의 강력한 힘으로 기독교는 서양문명이라는 현재에 이르는 틀을 창조했다. 다음 문명을 창조하는 사람은 피드백 수첩을 능숙하게 사용하는 당신일 수도 있다.

마치 건강을 위해서 매일 몸의 컨디션을 체크하고 정기 건강검진을 받듯이

피드백 수첩으로 매일, 그리고 매년 자신을 돌아본다.

4장

'강점'에 초점을 맞춘다

많은 사람들이 자신의 '강점'을 알지 못한다

드러커는 다음과 같이 말한다.

많은 사람들은 자신의 강점을 잘 알지 못한다. 《피터 드러커의 자기경영노트》

일반적으로 강점은 거의 무의식적으로 작용한다. 자신의 강점을 묻는 질문에 바로 대답할 수 있는 사람은 실제로 많지 않다. 기껏해야 자신의 약점을 조금 알고 있는 정도다.

경영 사상가 찰스 핸디는 다음과 같은 경험을 이야기한 적 있다.

내가 대학원에서 경영학을 가르치고 있을 때의 일이다. 비즈니스 세계에서 아주 크게 성공한 경영자가 내 세미나에 학생으로 들어왔다. 의아한 일이었다. 그는 대체 어떤 이유로 경영학이라는 학문을 배우고 싶다는 생각을 했을까. 그는 경영학을 배우기에 앞서 현재 경영을 하고 있고 더구나 크게 성공하고 있었기 때문이다.

핸디가 솔직하게 그에게 질문을 던지자, 그는 다음과 같이 대답했다. "물론 저는 사업에서 성공했습니다. 하지만 저는 제가 어떻게 성공할 수 있었는지 잘 모르겠습니다. 제가 성공할 수 있었던 이유를 알고 싶어서 교수님의 세미나에 왔습니다."

이 일화를 통해서 잘할 수 있는 것과 그것을 스스로 의식하고 있는 것은 전혀 다르다는 사실을 알 수 있다.

어떠한 강점이든 스스로를 관찰하고 피드백을 해야 알 수 있다.

드러커의 가르침 중에서도 최고의 지혜가 바로 이 말에 들어 있다.

자신의 '강점'을 어떻게 아는가

그렇다면 강점은 어떻게 파악할까? 드러커는 한 가지에 주목해야 한다고 말한다.

바로 성과다.

그리스의 철학자 플라톤은 "집 한 채도 제대로 짓지 못한다면 아무리 훌륭한 인격을 지녔더라도 그 사람을 목수라고 부를 수 없다"고 말했다. 목수에게는 집을 잘 짓는 일이 성과가 된다.

의욕이나 열의가 아무리 넘쳐도 성과가 오르지 않는다면 그 일은 강점이 아니다. 의욕이나 열의를 쏟는데도 불구하고 성과가 오르지 않는 일에 계속 얽매이다 보면 사람은 자신을 성장시킬 수 없다.

한편 별로 의욕이나 열의가 없는데도 어쩐지 성과가 오른다면 그 일은 강점일 가능성이 높다. 고생 없이 성과가 오르면 그 일은 누구나 할 수 있는 당연한 일이라고 생각하기 쉽다. 하지만 그 일이 자신의 강점이기 때문에 성공 가능성이 높아졌다고 생각해야 한다.

그 일을 자신의 강점으로 인식하고 의욕이나 열의를 가지고 임한다면 더 큰 성과를 기대할 수 있다.

이때 중요한 것은 강점은 결코 보이지 않고 추상적인 것이 아니라는 점이다. 강점은 성과라는 구체적인 형태 속에서 그 모습을 드러낸다.

강점은 성과를 통해 모습을 드러낸다.
그렇기 때문에 목표를 설정하고 그 목표와 성과를 반복적으로 비교하면 강점을 파악할 수 있다.

이 점을 명심하기 바란다. 사과나무는 아름다운 사과 열매를 통해 자신을 드러낸다.

'강점'을 바탕으로 자신을 성장시킨다

자기계발서에는 독자에게 바뀌기를 강요하는 내용들이 많다. 그런데 사람이 말처럼 그렇게 쉽게 바뀔 수 있을까? 드러커는 훨씬 현실적인 조언을 한다.

가능한 한 자신을 바꾸지 않고 강점을 살려 성과를 최대로 끌어올려라.
그러기 위해서는 강점을 바탕으로 한 목표 설정이 중요하다.

이미 어떠한 성과를 올렸고 자신의 강점이라고 확신하는 것이 있다면 그것을 목표에 반영해야 한다.

강점에 초점을 맞춤으로써 생산성을 높이고 심리적인 부담도 덜 수 있다. 잘하는 일에 에너지를 쏟으면 상승효과로 더 높은 능률을 기대할 수 있다.

신중한 사람은 강점을 파악하는 데 지나치다 싶을 만큼 많은 시간을 쓰기도 한다. 강점은 어디까지나 지금 가진 강점으로 충분하다. 처음부터 궁극의 강점을 추구하면 앞으로 나아가지 못한다.

또 그것이 나의 진정한 강점이라는 확신이 없더라도 그동안 조금이라도 성공한 일을 해야 성과를 올리기가 쉽다.

강점을 파악하는 일과 강점을 토대로 자신을 성장시키는 일은 동시진행으로 계속해나간다.
이상을 추구하면서도 손에 쥔 도구로 한 걸음씩 착실하게 나아가는 것이다.

피드백 수첩을 사용하다 보면 의식이나 행동이 자연스레 바뀌는 것을 실감할 수 있다. 이 변화는 억지로 바꾸는 것과는 전혀 다르다. 그 바탕에 자신과의 대화가 깔려 있기 때문에 다른 사람의 강요로 인한 괴로움이나 위화감이 없다.

자신을 바꿀 때는 시간을 들여 천천히 바꾸고 그에 천천히 익숙해져 가야 한다. 마음 깊숙한 곳에서 스스로 이해되고 납득되지 않으면 사람은 진정한 의미에서 바뀔 수 없다.

이때도 "천천히 서둘러라"라는 말을 신조로 삼아야 한다.

'강점'과 가치관이 충돌할 때

아무리 높은 목표를 세우고 아무리 고도의 성과를 이루었을지라도 그 목표와 성과가 자신의 가치관과 맞지 않으면 본인은 정작 만족스럽지 않을 수도 있다.

드러커는 젊은 시절을 영국에서 보냈다. 가끔 케임브리지 대학 등의 수업에 몰래 들어가서 다양한 수업을 청강한 드러커는 거시 경제학의 아버지라고 할 수 있는 케인스의 수업을 듣고 "돈 이야기만 해서 지겨워 강의실에서 나왔다"고 한다. 세계적인 명성을 떨친 경제학자의 이야기라도 근본적인 가치관이 자신의 것과 맞지 않으면 아무것도 배울 수 없다.

이 역시 영국에서의 일이다. 투자은행에서 딜러 일을 하던 드러커는 자신에게 돈 버는 재능이 있다는 사실을 알게 된다. 하지만 그는 자신이 돈에 흥미가 없다는 사실을 불현듯 깨닫고 재취업이 힘든 시대였음에도 은행을 그만두고 미국으로 건너간다.

드러커가 강조하는 것은 단순하다.

강점과 가치관이 충돌하면 주저 없이 가치관을 선택하라. 《21세기 지식 경영》

설령 강점일지라도 가치관과 맞지 않는다면 그 일에 얽매여서는 안 된다는 의미다.

애당초 목표가 가치관과 맞지 않으면 열심히 한다는 사실이 고통스러워진다. 참고 노력함으로써 성과를 올릴 수는 있겠지만 그 일을 계속 하는 것이 정말 행복할까.

그러다간 어느새 가치관, 나아가서 윤리관이 무감각해질 수도 있다. 계속 반복되면 자칫 타성에 젖어 자신이 놓인 환경을 냉정한 시선으로 볼 수 없게 된다.

그렇기 때문에 피드백을 통해 자신과의 대화를 반복해나가야 한다. 그것이야말로 당신이 정말 해야 할 일을 자신의 의지로 결정하게 만드는 방법이다.

자신의 '강점이 아닌 것'은 무엇인가

무언가를 뛰어나게 잘하는 사람을 보고 동경할 때가 있다. 하지만 당신이 피나는 노력을 했다고 해서 그 사람과 똑같이 그 일을 잘할 수 있게 된다는 보장은 없다.

드러커는 이렇게 말한다.

큰 성과를 올리는 고위 관리직들은 자기 자신이 되려고 한다. 다른 누군가가 되려고 하지 않는다. 《피터 드러커의 자기경영노트》

드러커의 말에 따르면 강점은 직업을 정하기 훨씬 전부터 이미 결정되어 있다고 한다. 쉽게 말하면 그동안 강점이 아니었던 것을 강점으로 바꿀 수는 없다는 의미다.

피드백에서는 '강점이 아닌 것'을 단호히 그만둔다.

드러커는 자신이 컨설팅해준 회사 사장에게 종종 이런 질문을 던지곤 했다.

"최근 들어 뭔가 그만둔 일이 있습니까?"

드러커다운 질문이다. 사람은 무언가를 시작하는 일에만 정신이 팔려서 무언가를 그만두는 일은 좀처럼 의식하지 못한다. 시간은 유한하다. 무언가를 시작하려면 다른 무언가를 그만둬야 한다.

강점이 아닌 것을 아는 방법은 간단하다.

우선 피드백으로 강점을 파악한다.
그리고 목표와 성과를 비교해서 성과를 올리지 못한 일은 강점이 아닌 것으로 본다.

처음에는 주저하게 되겠지만 성과를 올린 일을 강점으로 삼는 이상, 성과가 없는 일은 당연히 강점이 아닌 것으로 여겨야 한다.

주저 말고 악습을 끊어라

날마다 피드백을 반복하면서 꼭 파악해야 할 것이 있다.

열심히 하는데 생각처럼 잘 안 되는 일은 없는가. 혹은 피드백을 하는 시간을 확보하지 못하고 있지는 않은가.

그렇다면 '현재 상황을 똑바로 관찰해서 마음먹고 그만둬야 할 것이 무엇인지 파악하라'라는 메시지를 기억해야 한다.

진작 그만두었어야 했던 것들에 파묻힌 생활에서 벗어나보자.

기존 습관에서 빠져나오지 못하고 비생산적인 일을 계속하는 사람들이 많다. '어제도 했으니까', '도저히 버리지 못해서' 같은 생각으로 현상유지를 하려고 해서는 안 된다.

또 매일 하기로 한 일의 양을 잘못 정하면 심신에 피로가 누적되어서 열심히 하면 할수록 성과가 오르지 않게 된다.

이제는 열심히 하지 않아도 잘할 수 있는 일을 열심히 해보자.

참고 견뎌서는 안 된다. 마음의 경고를 진지하게 받아들이고 그 일을 그만뭐야 한다.

특히 성실한 사람들은 일이 잘 안 풀릴 때 더 욕심내서 무리하는 경우가 종종 있다. 이를 경계하도록 하자. 일이 안 풀릴수록 오히려 미술관이나 연주회에 가는 등 마음 건강을 유지하기 위한 행동을 해야 한다. 모든 항해에는 적정 순항 속도가 있다. 적정 순항 속도를 잘 지키는 일은 장기간의 항해에서 꼭 지켜야 할 원칙이다.

하루의 목표를 잘 달성하지 못한다거나 괴로움을 느끼는 일이 많다면 적정 순항 속도를 넘어섰다고 생각해야 한다. 그리고 그때는 활동량을 적정 수준까지 줄여야 한다.

성과가 오르지 않거나 심리적 저항감이 있다면 주저 말고 그 일을 그만두자.
그만두었다고 해서 당신이 도피했거나 패배한 것은 아니다.
적정 순항 속도를 유지하기 위해서는 반드시 필요한 결단이다.

쉽게 그만두지 못하는 사람에게

그동안 열심히 해온 일을 그만두는 것에는 새로운 일을 시작하는 것 못지않게 용기가 필요하다.

아이가 자전거 타는 방법을 배우듯 실패를 반복함으로써 잘하게 되는 일도 있다. 지킬 것이 적은 서른 살 즈음의 사람이라면 무언가에 도전해서 자신의 적성에 그 일이 맞는지 알아보는 것도 가치가 있다.

이때 중요한 것은 일 년이라는 기간이다.
일 년 동안 해보고 성과가 없는 일은 포기하자.
그리고 두 번 다시 시도하지 않도록 한다.

단 오해하지 말아야 할 것이 있다. 성과란 어디까지나 자신이 세운 목표에 대한 성과라는 점이다. 그렇기 때문에 '일 년 내에 합격하지 못하는 자격시험은 도전하지 마라' 같은 이야기가 아니다.

애당초 강점이 아닌 것을 일 년이나 계속하는 일에는 고통이 따른다. 수첩과 마주하는 동안 왠지 초조해지거나 괴로워지는 일도 있다. 그렇다면 그것은 마음이 발하는 소중한 경고다. 당장 대책을 세워야 한다.

도저히 결심이 서지 않는다면 다음과 같이 생각해보길 권한다.

스스로에게 지금 이 일을 처음부터 다시 시작하겠냐고 물었을 때 그 대답이 'NO'라면 단호하게 그 일을 그만둬야 한다.

'이제껏 열심히 했으니까', '지난 고생이 헛수고가 되니까'라는 자신에 대한 변명을 그만두는 일이 가장 중요하다. 그러한 감정에 사로잡혀서 멈추어야 할 일을 계속하면 돌이키지 못할 정도로 상처가 커진다.

그만두겠다는 결심이 쉽게 서지 않는 사람은 그만두기 쉬운 일부터 검토해보자.

예를 들면 가능하면 하고 싶지 않은 일이라면 그만두기 쉬울 것이다. 또 의외로 시간이 걸리는 일이라면 다른 사람에게 맡기든지 해서 그 일에 투자하는 노력을 줄이면 된다.

조직의 탓으로 돌리며 포기하지 않는다

조직 구성원으로 일하다 보면 무의미해 보이는 행동을 조직의 규칙이나 관습으로 인해 강요받는 일이 있다.

별 의미 없는 회의나 필요 없는 보고서가 가장 대표적인 예다.

이 모두가 당신이라는 선체를 무겁게 하고 속도를 떨어뜨리는 요인이다. 또한 이는 적지 않은 소중한 시간마저 송두리째 갉아먹는다. 요즘은 자유로운 직업이라는 대학 교수조차 그러한 장시간의 회의나 상세한 보고서 제출에 골머리를 앓고 있다.

듣는 사람이 없는 회의는 기본적으로 할 필요가 없다. 사전에 명확하게 의제를 정하고 불필요한 수다를 허락해서는 안 된다.

드러커는 갈수록 늘어나는 계약서에 골치 아파하는 어느 공기업과 컨설팅 상담 후, 법적으로 꼭 작성해야 하는 것을 제외한 모든 보고서를 폐지해야 한다는 과격한 처방을 내렸다. 그 결과 폐지한 보고서의 단 4분의 1만이 반드시 필요하다는 이유로 부활할 수 있었다.

'우리 회사에서는 도저히 불가능해!' 하고 소리 지르고 싶은 충동이 들 수 있다. 하지만 드러커라면 이렇게 말할 것이다.

"당신이 그만둘 수 없다고 굳게 믿는 것이야말로 가장 먼저 그만둬야 할 대상일 가능성이 높다."

해야 할 일을 스스로 정하고 성과에 책임을 지는 일은 프로만이 할 수 있는 일이다. 조직의 동조압력이나 타성은 조직 전체에 아무런 성과도 가져다주지 못한다. 이 두 가지는 구성원이 창조성을 발휘하려고 할 때 걸림돌로 작용한다. 그것들을 단호하게 그만두는 일은 프로로서의 책무다. 혹시 당신이 관리직이라면 당장 악습을 개선하는 일을 시작하기 바란다.

관리직이 아니라면 일단 이 사실을 상사에게 알려야 한다. 당신의 제안에 귀를 기울이게 하려면 반드시 적절한 커뮤니케이션이 필요하다. 다음 페이지에서 소개하는 커뮤니케이션 방법을 참고해보자.

상대가 '듣는 사람'인지
'읽는 사람'인지 파악한다

직장인들에게 가장 큰 스트레스 요인은 작장 내 인간관계다. 드러커는 직장 내 인간관계 노하우도 가르쳐준다.

상대가 듣는 사람(들을 때 이해하는 사람)인지 읽는 사람(읽을 때 이해하는 사람)인지를 파악하라는 것이다.

남에게 뭔가를 전달할 때 상대가 듣는 사람인지 읽는 사람인지를 알아두면 커뮤니케이션은 놀라울 정도로 수월해진다.

먼저 당신 자신의 일을 떠올려보자. 정보를 받아들일 때 어느 편이 이해하기 쉬운가.

커뮤니케이션에서 상대로부터 정보를 받아들이는 행동은 대개 듣기나 읽기 중 하나다.

'왜 이 사람은 이토록 못 알아들을까?', '어쩌면 이렇게 머리가 나쁠까?' 그런 생각이 들면 그건 상대방 문제가 아니라 당신의 전달 방법이 틀렸을 가능성을 의심해봐야 한다.

예를 들면 듣는 사람인 상사에게 문서로 보고하면 상사는 잘 이해하지 못한다. 그럴 때 먼저 구두로 설명을 한 뒤 나중에 확인용 문서를 제출하면 된다. 한편 읽는 사람인 상사에게는 그 반대로 한다. 먼저 문서를 건네고 난 뒤 확인 차 구두로 설명하면 된다.

이것은 강점의 사고방식을 커뮤니케이션에 응용한 방법이다. 이러한 사소한 방법이 단추를 잘못 끼우는 것을 미리 방지해준다. 상사, 동료, 가족, 친구 등 상대가 누구든 간에 도움이 되는 인생의 지혜다.

피드백을 실천하면서 조직의 규칙이나 관습이 성장의 장애물이 되는 경우에도 부디 이 지혜를 유용하게 활용하기 바란다.

'뜻밖의 성공'을 놓치지 않는다

살다보면 예기치 못한 일이 잇따라 일어난다. 드러커는 이렇게 말한다.

노력은 적게 들면서 실현 가능성이 가장 높은 이노베이션은 예기치 못한 성공에 숨어 있다. _《미래사회를 이끌어가는 기업가 정신》_

예를 들면 우리는 때때로 의도치 않게 담당하게 된 프로젝트에서 기대 이상의 실적을 올리거나 우연히 맡게 된 결혼식 사회에서 아주 호평을 듣기도 한다.

'뜻밖의 성공'이란 기대하지 않았는데 올린 성과
혹은 이유는 모르지만 어쩐지 성공한 일이다.

이 뜻밖의 성공이 피드백에서 결정적 역할을 한다.

뜻밖의 성공은 강점의 원석이 되어 새로운 가능성을 가르쳐 준다.

일상생활 속에서 누구나 뜻밖의 성공을 만나고 있을 것이다.

뜻밖의 성공에서 강점의 원석을 찾기 위해서 다음 사항에 유념해 보자.

■ 항상 의식한다

일상생활 속에서 뜻밖의 성공에 항상 예민해지도록 하자. 뜻밖의 성공은 언제, 어디서 찾아올지 모른다. 의식하고 있지 않으면 눈앞에서 지나가버린다.

■ 즉시 적는 일을 습관화한다

뜻밖의 성공을 알아챘을 때 기록하는 일을 습관화하자. 피드백 수첩에도 강점의 원석을 기입하는 칸이 마련되어 있다(125페이지 참조).

하루도 건너뛰지 말고 매일 기록해야 한다.

사람에게 관심을 기울이면 기회가 보인다

뜻밖의 성공, 즉 강점의 원석을 좀처럼 찾지 못하는 사람도 있다.

그럴 때는 사람에게 관심을 기울이면 된다.

지식 노동자는 다른 사람과 협동해서 성과를 올리는 사람들이기 때문에 혼자서는 아무것도 하지 못한다. 성과도 역시 사람을 경유해서 찾아온다. 날마다 만나는 사람을 뜻밖의 성공의 전달자로 생각해보자.

취미 동료, 대학 시절의 친구, 이웃과의 만남 등 모든 만남을 피드백 수첩에 적어두자. 그리고 만난 사람의 지식이나 인적 네트워크 혹은 그 사람과 손을 잡음으로써 기대할 수 있는 성과가 있는지 등을 평상시에 생각해둔다.

영업처, 거래처, 연구회 등 만남의 기회는 얼마든지 있다. 만남의 기회가 없으면 만들면 된다. 해결법은 생각보다 훨씬 간단하다.

또 한 가지, 다른 사람의 의뢰는 가능하면 거절해서는 안 된다는 점을 기억하자. 'YES'라고 대답할 수 있게 노력해야 한다.

의뢰하는 사람에게는 꼭 당신에게 의뢰해야만 하는 그 사람 나름의 근거가 있다. 그리고 그 근거를 당신은 정작 모르고 있는 경우가 많다.

실제로 이것저것 해보면 많은 것을 발견할 수 있다. 자신은 말을 잘 못한다고 생각했는데 강연을 부탁받아서 막상 해보니 평균 이상으로 잘했다는 경우도 많다. 사람들과 잘 어울리지 못한다고 생각한 사람이 다른 사람들의 신뢰를 받아서 프로젝트를 맡아 성공적으로 처리하는 일도 자주 있다.

홍차의 쓴 맛은 찻잎을 실제로 뜨거운 물에 넣지 않으면 우러나오지 않는다. 마찬가지로 사람도 현장에서 이리저리 떠밀리며 심신을 움직여봐야 알게 되는 일들이 산더미처럼 많다.

그래도 강점의 원석을 찾기 어려운 사람은 자신이 설정한 성공의 기준이 너무 높을 가능성이 있다. 사소한 성공도 의식해서 피드백 수첩에 적어두도록 하자.

'강점의 원석'을 검토한다

강점의 원석은 날마다 커가고 있다. 이것을 어떻게 하면 될까?

우선 발견한 강점의 원석이 커다란 성과를 동반하고 있다면 그 시점부터는 강점이라고 인식해도 된다.

그 이외의 것은 다시 검토할 필요가 있다.

매년, 혹은 매달, 매주 강점의 원석을 검토하자.
그리고 그것을 새로운 강점으로 받아들이자.

강점의 원석은 새로운 강점의 후보이기 때문에 개개의 원석을 결코 그냥 지나쳐서는 안 된다. 단, 그 후보는 방대한 수에 이르기 때문에 강점인지 파악하는 대상으로 삼기 전에 다음 사항을 생각해보자.

하나, 그 강점의 원석을 얻었을 때의 일을 떠올리고 다른 사람들이 당신에게 어떤 코멘트를 했는지 함께 되짚어본다.

다른 사람은 당신보다 당신의 강점을 더 잘 알고 있다. 129페이지의 그림처럼 상사나 고객은 물론 부하직원이나 친구, 가족 등 주위의 모든 사람들을 떠올려본다.

당신이 무언가를 의뢰받았을 때 상대방이 어떠한 근거로 나에게 의뢰를 했는가 또는 성공했을 때 어떤 칭찬을 들었는가 등을 생각해보자.

둘, 그 일이 당신의 일 년의 목표와 얼마나 연관이 있는지 생각해본다.

예를 들면 일 년의 목표 중에 '회계학 기초를 마스터한다'가 있다고 하자. 그럴 때 하루의 목표로는 회계학의 효과적인 공부법, 회계 전문가 인맥 등 일 년의 목표와 관련성이 높은 주제의 목표를 우선적으로 고른다.

단, 목표로는 적어도 자신의 가치관에 반하지 않는 것을 택한다.

평범하게 피드백하고 신중하게 생각한다

생물이 성장할 때, 서서히 성장하는 국면과 급격하게 성장하는 국면이 있다. 피드백은 한 생물의 생명활동과 같다.

너무 깊이 생각하지 않고 자동적으로 처리하는 국면.
시간을 두고 신중하게 생각하는 국면.
피드백에서는 이 두 가지의 완급을 조절하는 것이 중요하다.

피드백 때문에 매일 머리를 싸맬 필요는 없다. 평범하게 피드백을 실행해보자. 그것만으로도 자기 자신에 대해 놀라울 정도로 많은 발견을 할 수 있다. 그러다 새로운 성장에 접어드는 국면이 찾아온다. 그때야말로 충분히 시간을 들여서 신중하게 생각을 한다. 정기적으로 깊이 생각하는 시간을 만들어두어도 좋다.

그림 5

'강점'을 항상 의식한다

강점을 의식하는 일이 적절한 목표 설정으로 이어진다.
하루하루의 피드백에서는 평범하게 실행하면 된다.
일 년, 한 달, 일주일 등 일정 기간마다 신중히 생각하는 시간을 반드시 갖는다.

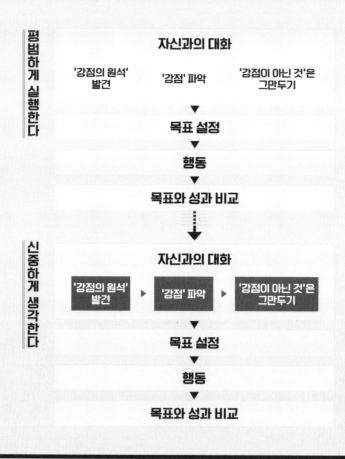

88

무엇을 모르는지 의식한다

오늘날의 사회는 지식이 가치를 창출하는 사회다. 드러커는 그러한 사회를 '지식 사회'라고 부르고 거기에서 일하는 사람들을 '지식 노동자'라고 이름 붙였다.

아무리 우수한 지식이라도 그 지식이 세상을 커버할 수 있는 범위는 바늘구멍처럼 정말 좁다.

그렇기 때문에 드러커는 '무엇을 아는가'와 함께 '무엇을 모르는가'도 의식하라고 말한다.

무엇을 모르는지 의식함으로써 드러커는 오만한 마음이 교정되는 효과가 있다고 한다.

실제로는 모르는 것투성이임에도 불구하고 알고 있다는 오만한 생각이 장차 알아야 하는 일을 깨닫지 못하게 하기 때문이다

작가 마크 트웨인은 "당신이 잘 알고 있다고 여기는 것이 문제를 만들어내는 원인이 된다"고 날카롭게 지적했다.

흔히 엘리트 계층은 자기 전공분야 이외의 분야에 종사하는 사람을 얕보는 경향이 있다. 하나의 작은 상자 안에 살면서 자신이 세상의 중심이 된 양 생각한다.

예를 들면 의사는 간호사, 학자는 직원, 기술자는 영업직을 얕보는 일이 많다. 이처럼 어리석은 일이 없다.

· 세상에 정말 공헌하고 있는 사람을 모르고 있지 않은가.
· 자신이 공헌해야 하는 대상을 모르고 있지 않은가.
· 자기 전공 외 분야가 문제 해결에 대한 답을 제공할 수 있지 않은가.
· 사실 당신을 필요로 하는 고객은 전혀 다른 곳에 있지 않은가.

이처럼 이미 알고 있다는 눈가리개를 떼어놓고 모르고 있는 것에 시선을 돌리는 자세가 프로를 성장시킨다.

그렇다면 모르고 있는 것을 깨달았을 때 어떻게 하면 될까. 간단하다. 아는 사람에게 가서 배우면 된다. 무지를 보물이라고 생각하면 가르침을 청해야 하는 사람들은 세상에 무수히 많다.

가능한 한 자신을 바꾸지 않고 '강점'을 살려 성과를 최대로 끌어올려라.

그러기 위해서는 '강점'을 바탕으로 한 목표 설정이 중요하다.

5장

'네 개의 공간'으로 생각한다

양자택일이 상상력을 마비시킨다

피드백에서 목표설정은 어디까지나 수단이다. 당신을 성장시키기 위한 지레다. 목표가 당신의 시야를 고정시키거나 좁게 만든다면 성장을 오히려 방해할 수 있다. 그렇다면 어떻게 해야 할까.

모두 '네 개의 공간'으로 나누어 생각한다.

무언가를 생각할 때 습관적으로 항상 네 개의 시점이나 선택지를 갖도록 하자.

우리는 뭔가를 생각할 때 이항대립으로 생각하는 경우가 많다. 찬성이냐 반대냐. A냐 B냐. 정의냐 아니냐. 흑이냐 백이냐.

두 개로 나누는 것은 논리적 사고의 기본이지만 그렇다고 안심해서는 안 된다. 두 개로 나누면 편하다. 하지만 이 편함으로 사람은 깊은 사고에서 멀어질 위험이 있다.

드러커도 하나만 있는 것은 논외로 하고 양자택일은 최악이라고 엄중히 경고했다.

애당초 현실 문제가 이항대립으로 해결될 정도로 단순할까. 세상은 터무니없이 복잡하고 다양한 모습을 하고 있다. 단일한 세계관에서 벗어나야 한다.

드러커는 복수의 선택지를 지니는 것을 '상상력의 뚜껑을 여는 것'이라고 표현한다. 시점이나 선택지가 한 가지만 있으면 상상력은 닫히고 이윽고 사그라지게 된다.

복수의 시점이나 선택지를 통해 사람은 더 큰 상상력을 펼칠 수 있다.

왜 네 개인가?

사실 드러커는 "복수의 선택지를 가져라"라고 조언했을 뿐이다.

나는 피드백 수첩을 사용하면서 선택지는 몇 개가 적절한지 오랫동안 고민해보았다. 그러던 중 우연히 에도시대 후기의 농정가, 니노미야 손토쿠(二宮尊德, 1787~1856)의 전기가 눈에 띄었고 마침내 그 힌트를 찾을 수 있었다.

니노미야 손토쿠는 일본에서 학문과 경영의 신이라고 불리며 근세 이후 가장 일찍 경영의 필요성을 깨닫고 실천하며 지도한 사람이다.

니노미야 손토쿠의 세계관을 일원 융합이라고 하는데 이는 네 개의 원에서 전 세계를 조화롭게 파악하는 것을 뜻한다. 니노미야 손토쿠는 책에서가 아니라 대자연에서 조화의 수를 배웠다.

가장 가깝게는 사계가 있다. 춘하추동처럼 태어나 자라며 수확하고 시든다는 생명체의 기본 리듬을 여기서 볼 수 있다.

'사(四)'란 본래 일본인들에게 아주 친숙한 숫자다. 사(四)는 사자성어, 사방(四方), 사천왕 등 생활 곳곳에서 접할 수 있다.

사(四)의 개념에서 중요한 것은 상대를 따돌리거나 제치려고 하는 경쟁의 발상이 아니라, 조화의 발상이 바탕을 이루고 있다는 점이다.

하나로는 아무것도 발전하지 않는다. 닫힐 뿐이다. 두 개라면 시야는 조금 열리지만 친해지지 않으면 다투게 된다. 세 개가 되면 두 개가 다퉈도 남은 하나가 중재할 수 있기 때문에 훨씬 안정된다. 네 개가 되면 서로 다양한 관계를 맺을 수 있어 풍요로운 상태가 된다.

네 개라는 이상적인 수를 피드백에서도 전적으로 활용한다. 그래서 일 년의 목표, 하루의 목표를 세울 때도 목표는 항상 네 개씩 설정한다.

앞에서 서술한 이야기를 다시 한 번 떠올려보자.

네 개로 나누는 행위는 수단이다. 당신의 상상력의 뚜껑을 열고 자유로운 발상과 깊은 사고를 손에 넣기 위한 것이다.

'네 개의 공간'을 활용하여 목표를 설정한다

네 개의 공간이라는 사고를 수첩에서 어떻게 활용할까. 방법은 간단하다.

페이지를 네 개로 분할한다. 가운데에 가로선과 세로선을 하나씩 그으면 네 개의 공간이 생긴다.

수첩에 네 개의 공간이 있으면 자연히 네 개의 시점과 선택지가 생긴다. 이 네 개의 공간을 어떻게 사용할지는 당신에게 달렸다. 요점을 짚어보겠다.

■ 시간으로 구분하지 않는다
일정표와 유사해져서 상상력을 펼치는 효과가 떨어진다.

■ 억지로 고정해놓지 않는다

사고의 폭이 좁아지기 쉬워서 자유로운 발상을 막는다.

만약 네 개 중 세 개가 고정적이라고 해서 나머지 한 개도 꼭 그렇게 할 필요는 없다. 이 점을 염두에 두고 각자 즐겁게 스트레스 없이 목표를 설정할 방법을 생각하면 된다.

예1 키워드로 생각한다

① 인간관계 ② 일상 업무 ③ 공부 ④ 가정

예2 행동으로 생각한다

① 배우다 ② 정하다 ③ 사람을 만난다 ④ 기타

예3 중요한 일을 떠올려본다

① 육아 ② 사람을 만난다 ③ 5킬로그램을 감량한다 ④ 기타

그리고 네 개의 공간 중 한 개는 기타로 사용해도 편리하다. 특히 중요한 세 가지를 정한 다음, 거기에 해당되지 않는 사항들은 모두 기타에 포함시키면 발상을 좁히지 않고 무엇에 초점을 맞출지 정할 수 있다.

'네 개의 공간'을 사용하는 방법에 고민이 생기면

네 개의 공간을 매일 똑같이 사용할 필요는 없다. 자신이 편하고 자연스럽다고 느끼는 방식으로 사용하면 된다. 매일 고민한다면 이해하기 쉽게 규칙을 정해도 좋다.

예를 들면 네 개의 공간 중 두세 개는 매일 고정시킨다.
그리고 나머지 한두 개는 자유롭게 생각한다.

네 개 모두 고정하면 발상의 폭이 좁아질 수 있다. 일 년의 목표와 연관성이 높은 중요한 목표를 고정시키고 나머지는 매일 생각한다. 또 기타의 공간을 마련해 상황에 따라 유연하게 활용해도 좋다. 이로써 전체적인 방향성을 잃지 않고도 자유로운 발상을 유지할 수 있다.

그림 6

'피드백'과 '네 개의 공간'

네 개의 공간으로 네 개의 시점이나 선택지를 가질 수 있다.
어떻게 사용할지 망설여질 때는 다음과 같은 방법을 시도해보면 좋다.

중요한 두 개의 공간을 고정시키고 나머지 두 개의 공간을 자유롭게 사용한다

인간관계	일상 업무
공부	가정

인간관계	일상 업무
정리 정돈	여행 준비

인간관계	일상 업무
영어 회화	이사

중요한 세 개의 공간을 고정시키고 나머지 한 개의 '기타'를 자유롭게 사용한다

인간관계	일상 업무
공부	기타

인간관계	일상 업무
공부	기타

인간관계	일상 업무
공부	기타

'모르고 있는 것'을 의식한다

피드백 실천에서는 아는 것이 힘이면서 동시에 알지 못하는 것도 역시 힘이 된다.

드러커는 컨설팅을 하면서 종종 이렇게 조언했다.

"당신이 알아야 하는데 모르고 있는 것을 알도록 하라."

이것이야말로 무지를 이롭게 활용하는 최고의 방법이다.

드러커는 이것을 '보이지 않는 것의 체계화'라고 부른다. 생전에 그는 앞으로 쓰려는 책 제목을 목록으로 만들어놓고 있었는데 그중에 《보이지 않는 것의 체계화》도 있었다고 한다.

참고로 '보이지 않는 것의 체계화'라는 사고는 러시아의 화학자 멘

델레예프의 주기율표에서 착상을 얻었다. 멘델레예프는 1869년 원소의 주기율표를 발표하고 미발견 원소의 존재와 성질을 예측했다. 주기율표란 주기율에 따라 각 원소를 배열한 표다. 그는 미발견의 원소를 일람표로 만듦으로써 빠진 조각을 체계적으로 찾아내어 지금의 유명한 주기율표를 제시한 업적을 세웠다.

보이지 않는 것의 체계화는 비즈니스에서도 크게 도움이 된다. 예를 들면 신제품 개발, 마케팅, 이노베이션도 결국 보이지 않는 것의 체계화를 구현한 것이다.

'무엇이 있는가'와 함께 '무엇이 없는가'를 찾으면 된다. 물론 이 사고는 피드백에서도 중요하다.

자신의 가능성을 넓혀가는 사람은 항상 '내 안의 공백은 무엇인가'를 생각한다.

당신이 알아야 하는데 알지 못하고 있는 것은 무엇인가?

'네 개의 공간'이 '모르고 있는 것'을 깨닫게 한다

자신이 모르고 있는 것을 아는 것은 다음에 손에 넣을 지식의 성질을 파악하게 해준다.

코난 도일의《주홍색 연구》를 보면 셜록 홈즈가 이런 대사를 한다.

"기이한 일은 추리를 방해하거나 사건의 실마리가 되어준다네."

어떤 일이 기이하게 보인다는 것은 그 일에 자신의 이해를 초월한 무언가가 있다는 의미다. 기이해 보이는 것을 유심히 관찰함으로써 지금 자신이 모르고 있는 것이 무엇인지 깨달을 수 있다.

드러커도 이노베이션의 씨앗이 되는 것 중의 하나로 무언가 기이해 보이는 느낌, 즉 위화감을 꼽았다.

예를 들면 비즈니스에서 고객의 행동에서 불합리해 보이는 점이 있을 때는 그것이 합리적이라고 생각하는 고객의 현실을 한번 고려해보라. 그렇게 함으로써 그동안 깨닫지 못한 고객의 니즈를 볼 수 있다.

평소 기이해 보이는 일이나 위화감이 드는 일에 예민한 감각을 동원해보자. 자기 성장에 도움이 될 모르고 있는 것의 존재를 알아차릴 수 있다. 그 결과 새로운 탐구 영역을 볼 수 있다.

모르고 있는 것을 인식하려면 한층 차원 높은 지성을 사용해야 한다. 결여된 것은 눈으로 볼 수 있는 것도 아니고 막연히 바라본다고 해서 인식할 수 있는 성질의 것도 아니다.

이때 네 개의 공간이 도움이 된다.
네 개의 공간은 의식이 자신에게 결여된 것으로 향하게끔 해준다.

항상 네 개의 선택지를 갖도록 규칙을 정해두는 것에는 이점이 있다. 평범하게 생각하면 두 개의 선택지만 고려하고 끝날 일을 제3, 제4의 선택지가 있다는 가능성까지 의식하게 해주기 때문이다.

'모르고 있는 것'을 파악해야 성장할 수 있다

피드백을 반복하면 어수선한 일상 속에서도 내면의 희미한 목소리를 들을 수 있게 된다. 피드백을 반복함으로써 마음의 소리에 예민해지는 것이다. 드러커는 이런 상황에 대해 다음과 같이 서술한다.

성인 소크라테스가 신의 명령이라고 부른 것, 조심하라고 속삭이는 내면의 목소리에 귀를 기울여야 한다. _《피터 드러커의 자기경영노트》

정말 중요한 것은 누구나 들을 수 있는 큰 목소리로 들리는 경우가 거의 없다. 내면의 작은 속삭임도 놓치지 않는 섬세함이 필요하다.
또 드러커는 다음과 같이 서술한다.

열 번에 한 번은 밤중에 갑자기 눈이 떠져 마치 셜록 홈즈처럼 중요한

것은 바스커빌 가문의 개가 짖지 않았던 것이라고 깨닫곤 한다. 《피터 드러커의 자기경영노트》

셜록 홈즈는 '나는 왜 개가 짖는 소리를 듣지 않았는가'라는 사실을 깨닫고 사건을 해결한다. 우리는 눈앞에 있는 것에는 민감하지만 그 자리에 없는 것에는 놀라울 정도로 둔감하다.

내가 알아야 하는 것은 무엇이며 무엇을 모르고 있는가.
이 질문에 대한 답을 항상 생각하고 있어야 한다.
그것이 당신의 '지(知)의 폐활량'을 크게 해준다.

설령 부족한 지식이 있더라도 그것은 제3자나 조직 등의 조력을 받아 보완할 수 있다.

오해할 수 있는데 프로란 완전히 자립한 사람을 가리키지 않는다. 어떤 프로든 사람과의 관계 속에서 힘을 발휘한다. 아무리 실력이 뛰어난 전문의라도 간호사나 다른 전문의의 조력 없이는 제대로 수술할 수 없다.

의존해야 할 때 어떤 파트너에게 의존해야 할지 아는 사람을 프로라고 한다. 프로란 자신에게 어떤 지식이 있고 어떤 지식이 없는지를 정확하게 아는 사람이다.

업무와 사적인 일을 구분하지 않는다

　피드백은 인생 전반을 염두에 두면서 실천해야 한다. 처음부터 업무와 사적인 일을 나누어 생각하는 습관이 있는 사람은 발상을 바꾸는 편이 좋다.

　업무와 사적인 활동 모두 뛰어난 성장을 위한 양식이 된다. '업무와 사적인 일은 별개'라고 생각하는 것은 합리적으로 보이지만 사실은 이치에 맞지 않다. 사적인 시간을 어떻게 보내느냐, 쉬는 날에 무엇을 배우느냐가 인간의 성장을 좌우한다.

　'쉬는 날에는 전부 다 잊고 싶다!'

　이 말은 적어도 드러커의 인생관과는 거리가 멀다. 인생 전반을 생각한다면 쉬는 날에도 업무와 배움에 총체적으로 힘을 기울일 필요가 있다. 드러커는 그런 사고를 '총체적인 삶'이라고 불렀다. 여차할 때 다음 행동을 취할 수 있도록 항상 준비를 갖췄으면 한다. 이러한 준비 태세를 갖추는 것에는 평일도 없고 쉬는 날도 없다.

오히려 업무와 사적인 일을 나누는 것은 위험하다.

하물며 지금 시대는 회사가 평생 안정을 보장해주지 않는다. 모든 시간과 에너지를 바친 회사가 갑자기 도산하면……. 차마 눈뜨고 볼 수 없는 비극이다.

배우고 피드백을 하는 사람은 총체적인 삶을 의식하고 업무와 사적인 일은 양립하는 것으로 생각한다.

복수의 시점이나 선택지를 통해

사람은 더 큰 상상력을 펼칠 수 있다.

6장

'세 개의 시간'을 의식한다

'일 년', '하루', '일생'을 함께 생각한다

피드백을 실천하면서 의식해야 할 시간의 단위는 세 가지가 있다.

일 년, 하루, 일생이다.
이때 중요한 것은 각기 차원이 다른 시간이라는 점이다.

이는 42.195킬로미터의 마라톤, 1만 미터, 100미터의 경기가 경주자에게 각각 전혀 다른 근육을 사용하게 하고 다른 호흡법을 요구하는 것과 마찬가지다.

우리는 그처럼 다른 시간을 동시에 살아간다. 드러커도 이 점을 제대로 인식해야 한다고 강조한다.

피드백에서 기본단위는 일 년이다.

그리고 일 년을 중심으로 하루와 일생이 역동적으로 함께 움직인다.

그렇다면 하루, 더 나아가 일생과의 관계 속에서 일 년 피드백을 어떻게 생각해야 할까.

일 년의 목표는 무엇인가. 그 목표를 위해서 하루하루를 어떻게 살아야 할까.
일 년의 목표는 무엇인가. 그 목표 끝에는 어떤 일생이 보이는가.

마라톤 선수는 한 걸음 한 걸음을 결승점까지의 전체 이미지 속에서 보고 있다. 시간축 어디에서나 분명하게 목표를 의식하고 있다.
당연하게 생각할 수 있지만 그 사실을 의식하고 있는지가 중요하다. 그것이 아무리 작은 행동이라도 그 한 걸음이 어디로 통하는지를 의식하는 일에는 큰 의미가 있다.

'일 년 피드백'이 중심이 된다

일 년 피드백은 하루, 일생이라는 고리와 함께 움직이며 그 중심에 와야 하는 고리다.

일 년이 기본인 것은 생명체로서의 리듬과 성장 속도와 관련이 있다.

사람은 자신이 처한 환경이나 자신을 둘러싼 상황에 따라 항상 리듬을 변화시키는 생물이다. 환경의 영향을 무시하고 적절한 리듬이나 속도를 지키지 않으면 원하는 성과를 올릴 수 없다.

아무리 최첨단의 일이라도 그 일을 하는 것은 살아 있는 인간이다. 인간도 역시 생물이기 때문에 자연히 무시할 수 없는 시간의 단위가 있다. 그리고 일 년은 생물인 인간의 성과를 판별하는 데 필요한 최소

단위의 시간이다. 그렇기 때문에 일 년 동안 천천히 시간을 들여서 정성스레 자신을 성장시키는 것이다.

고작 일 년. 그래도 일 년…… 어제 씨앗을 뿌리고 오늘 수확할 수는 없다. 기본 단위는 일 년으로 한다. 하지만 사람에게는 각자 고유의 생명 리듬이 있고 성장 속도도 사람에 따라 다르기 마련이다.

일 년이라는 시간을 쓰는 방법은 사람마다 달라도 된다.

제아미[世阿弥, 일본 정통 연극 노(能)의 대가, 1364~1443-옮긴이]는 "해보고 좋은 방법을 고르면 된다"고 했다. 해보고 좋으면 계속하라. 단순하지만 자기 발전에 매우 효과적인 사고다.

일 년의 목표에서는 강점을 바탕으로 자신을 성장시킨다는 발상이 중요하다.
이미 할 수 있는 일을 더 잘하려면 어떻게 해야 할까?

'열심히 해서 약점을 극복하자'는 발상은 피드백의 본질에서 벗어난다. 그 노력은 대부분 헛되이 끝나기 때문이다.

하루의 목표를 세울 때 일 년의 목표를 생각한다

피드백 수첩을 사용하기 시작한 사람들이 가장 많이 하는 질문은 "하루의 목표를 어떻게 세워야 합니까?"이다.

일단 일 년 뒤의 성과를 정한다. 그런 다음 그 성과를 염두에 두고 하루의 목표나 행동 또는 구체적인 작업을 정해야 한다. '지금, 여기' 에서 하는 일은 화려하지 않을 수 있다. 그래도 그 착실한 작업으로 비로소 결실을 맺을 수 있다.

하지만 일 년의 목표를 세분화하여 하루의 목표를 채우려고 해도 쉽지가 않다. 그렇다면 다음과 같이 생각해보자.

하루의 목표는 일 년의 목표와 직접 연관되지 않아도 된다.

중요한 것은 하루의 목표를 세울 때 일 년의 목표를 염두에 두고 있느냐 하는 점이다. 너무 엄밀하게 생각하면 발상의 폭을 좁힐 우려가 있다.

실제로 하루에 해야 할 일 중에는 일 년의 목표와 관계없는 일도 포함되기 마련이다. 그래도 상관없다.

또 이런 질문도 나온다.

"할 일을 메모한다면 TO DO 리스트와 뭐가 다릅니까?"

결론부터 말하면 하루 피드백 작업이 TO DO 리스트와 언뜻 비슷해 보이지만 실은 전혀 다르다.

목적지 없이 그냥 달리는 것과 결승점이 있는 올림픽 풀 마라톤 코스를 달리는 것이 다른 것처럼 확연히 다르다. 피드백에서 하루는 일 년 뒤 그리고 일생으로 이어진다. 이 하루는 당신을 비상시키는 무한한 가능성과 연결되어 있다.

그렇다. 언뜻 TO DO 리스트와 같아 보여도 하루의 피드백 작업은 분명하게 인생 전반에 피드백되어 있다.

하루의 목표는 언제 적는가

하루 피드백은 매일하는 일이기 때문에 리듬이 중요하다.

그렇다면 목표는 언제 적어야 좋을까. 아침에 일어나서 식사를 하고 전철로 회사에 도착한 뒤 '자, 써보자' 하고 시작할까?

가능하면 전날 저녁에 마치도록 하자.
하루의 목표는 하룻밤 재우는 것이다.

그렇게 함으로써 자고 있는 동안에 그 목표가 천천히 숙성되어 자연히 머릿속에 스며든다.

다음 날 아침, 회사에 가서 자리에 앉을 때까지 간단히 되짚어보기만 해도 하루의 출발을 잘할 수 있다. 그러한 기분 좋은 리듬이 피드백의 효과를 확실하게 높여준다.

그림 7

'피드백'과 '세 개의 시간'

목표를 토대로 일 년, 하루, 일생이라는 세 개의 시간을 생각한다.
일 년을 기본 단위로 하여 하루, 일생을 생각한다.
일 년과 하루는 한 방향, 일 년과 일생은 양방향으로 생각한다.

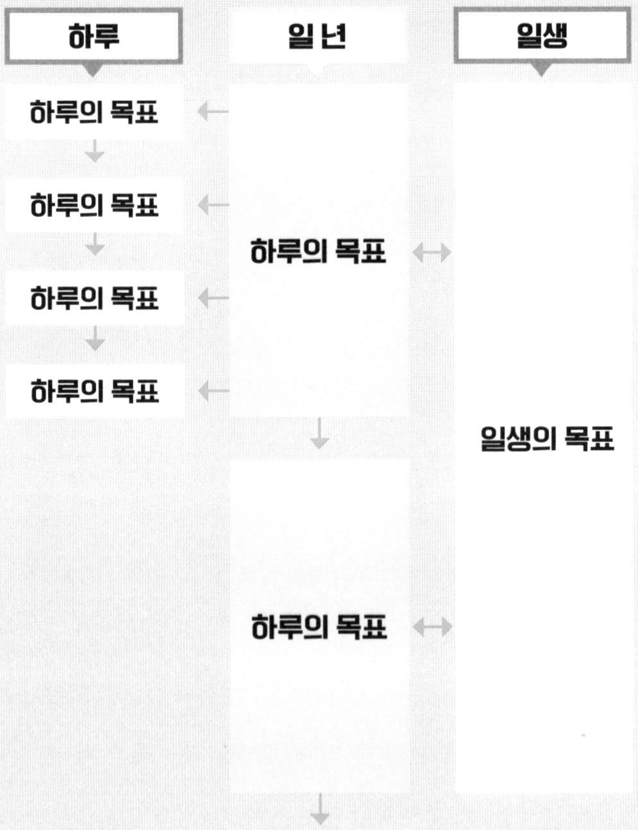

하루	일 년	일생

하루의 목표 ←

↓

하루의 목표 ←

↓

하루의 목표 ←

↓

하루의 목표 ←

하루의 목표 ↔

↓

일생의 목표

하루의 목표 ↔

↓

118

반복이 날카로운 지각력을 키운다

업무나 인생에서 성과를 올리는 것과 관찰력 사이에는 깊은 연관성이 있다. 성과를 올리려면 마음을 차분히 하고 섬세한 의식으로 자신의 내부와 외부 환경을 냉정하게 관찰할 수 있어야 한다. 업무와 인생의 생산성은 의식의 질에 따라 크게 좌우된다.

그렇기 때문에 피드백 수첩으로 의식의 질을 관찰하고 피드백하기를 권한다. 운동선수가 날마다 근육 이외의 운동기관의 상태를 확인하면서 자신을 단련시키듯이 말이다.

성과가 눈에 보이게 되기까지는 어느 정도 시간이 걸린다.

드러커는 "자신의 강점을 분명하게 말할 수 있게 될 때까지 2년 정도 걸린다"라고 말한다.

'2년! 그렇게 오래 걸린다고?'라고 실망하지 말자. 반복이야말로 창조성의 원천이다.

사람은 의식을 갖고 매일 반복해서 봐온 것에 변화가 생기면 금방 알아차린다. 어제와 오늘의 미세한 차이를 섬세하게 잡아내어 변화를 지각할 수 있기 때문이다. 반복하지 않으면 알아채지 못한다. 마음 내킬 때만 보면 사람은 변화를 알아챌 수 없다.

철학자 칸트는 평생 고향 독일 쾨니히스베르크 밖으로 거의 나가지 않았음에도 세상의 모든 사상(事象)을 자신의 지적 능력의 범위 내에 두고 있었다고 한다. 칸트가 매일 아침 항상 같은 시간에 일어나서 같은 속도로 산책을 했다는 이야기는 유명하다. 마을 사람들이 칸트의 모습을 보고 시계의 시간을 맞췄다는 일화도 남아 있다.

같은 일을 매일 반복하는 사람의 두뇌는 변화를 알아차리는 감각이 보통 사람보다 훨씬 예민하다.

드러커도 역시 반복하는 사람이었다. 규칙적인 생활과 반복으로 창조적인 업무를 평생 계속했다.

그의 인생 자체가 피드백이었던 것이다.

일 년의 목표는 무엇인가. 그 목표를 위해서 하루하루를 어떻게 살아야 할까.

일 년의 목표는 무엇인가. 그 목표 끝에는 어떤 일생이 보이는가.

7장

'피드백'을 실행하다

처음에 할 일은 무엇인가?

① 준비기간 ; 하루 피드백을 체험

58페이지 그림을 보며 전체의 흐름을 떠올려보자.

우선 하루 피드백을 일주일 정도 체험해본다(125페이지 참조). 이로써 피드백의 기본 행동을 몸에 익힌다. 처음에는 깊이 생각하지 말고 다음 날의 목표를 적는 데 피드백 수첩을 사용해보자. 생활 속에서 강점의 원석을 의식하고 기록하는 습관을 붙여보자.

② 일 년 피드백 ; 자신과의 대화

이제부터가 진짜다. 자신이 바라는 성과를 목표로 하기 위해서 자신의 내면과 진지하게 마주해보자.

그때 자신의 강점을 분명하게 의식해야 한다. 하지만 처음에는 강점이 무엇인지 파악하는 게 쉽지 않을 것이다. 그래서 현 시점에서 강

점을 생각하는 데 도움이 되는 양식을 준비했다. (127~129페이지)

이 양식을 활용해서 강점을 파악하고 강점이 아닌 것은 그만두며 강점의 원석을 발견해보자. 양식의 공란을 꼭 모두 채울 필요는 없다. 다양한 시점에서 자신을 바라보기 위한 힌트로 이 양식을 활용해보기 바란다.

③ 일 년 피드백 ; 목표 설정

자신과의 대화를 마치면 드디어 일 년의 목표를 설정한다. 자신과의 대화를 통해 방향을 잡고 구체적인 목표를 적어간다(130페이지 참조). 다 합쳐서 약 일주일 정도의 시간을 잡고 찬찬히 해보자.

그때 네 개의 공간을 활용해서 발상의 폭을 넓히도록 한다. 눈앞의 일뿐 아니라 앞으로 향상시키고 싶은 기술이나 인간관계 등도 생각해보자. 나중에 목표와 성과를 비교하기 쉽게끔 고유명사나 숫자 등을 포함시켜 목표를 구체적으로 해두면 좋다.

그림 8

'피드백 수첩'의 양식

일 년 피드백과 하루 피드백이라는 두 종류의 양식이 있다.
수첩을 준비하고 다음과 같이 직접 선을 그어서 페이지를 분할하여 사용한다.

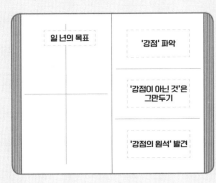

일 년 피드백

좌측 페이지
가로세로로 4등분하여 일 년의 목표를 기입

우측 페이지
세로로 3등분해서 사용한다
- '강점' 파악
- '강점이 아닌 것'은 그만두기
- '강점의 원석' 발견

하루 피드백

페이지 상단
가로세로로 4등분하여 '하루의 목표'를 기입

페이지 하단
'강점의 원석'을 발견하면 기입

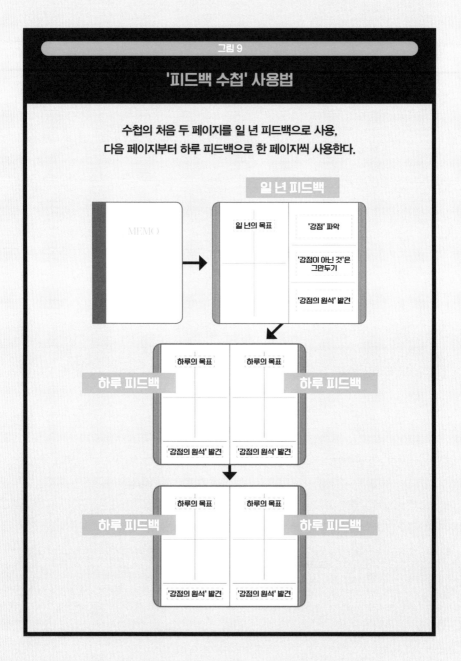

그림 9

'피드백 수첩' 사용법

수첩의 처음 두 페이지를 일 년 피드백으로 사용,
다음 페이지부터 하루 피드백으로 한 페이지씩 사용한다.

일 년 피드백

MEMO

일 년의 목표	'강점' 파악
	'강점이 아닌 것'은 그만두기
	'강점의 원석' 발견

하루 피드백

하루의 목표	하루의 목표
'강점의 원석' 발견	'강점의 원석' 발견

하루 피드백

하루 피드백

하루의 목표	하루의 목표
'강점의 원석' 발견	'강점의 원석' 발견

하루 피드백

그림 10

'강점'의 파악

일 년 피드백을 시작할 때 다음과 같은 방식으로 강점을 파악한다.
복수의 시간축으로 업무 이외의 영역도 생각하며 다양한 강점을 찾아낸다.
그리고 강점의 정도와 그 이유도 같이 생각한다.

「지난 일 년 동안 성공한 일은 무엇인가?」

분류	시기	성공한 일	많이	조금	성공한 이유
업무	어제	예) 회의에서 내 의견이 채택되었다	○		예) 준비를 잘했다
	이번 주				
	이번 달				
	올해				
취미					
가정					
기타					

그림 11

'강점이 아닌 것'은 그만두기

일 년의 피드백을 시작할 때 다음과 같은 방식으로 강점이 아닌 것은 그만둔다.
일단 '그만두지 못한다'고 생각하는 일도 포함해서 적어보면 좋다.
완전히 그만두지 못하더라도 일부를 그만둘 수 있으면 커다란 진전이다.

「지난 일 년 동안의 행동을 돌아보자.」

분류	내용	그만두기를 검토
	예) 영어 듣기	예) 영어 듣기 능력을 활용할 데가 없어서 그만둔다
열심히 했지만 별로 성과가 없던 일		
	예) 데이터 입력	예) 외주를 준다
의외로 시간이 걸린 일		
하려고 했지만 착수하지 못한 일		
지금은 하고 있지만 하고 싶지 않은 일		

그림 12

'강점의 원석' 발견

일 년의 피드백을 시작할 때 다음과 같은 방식으로 강점의 원석을 발견한다. 서로 다른 입장의 사람들이 자신의 일을 어떻게 평가하고 있었는지를 떠올린다. 업무와 연관된 사람들은 물론 가족이나 친구들의 코멘트도 중요한 힌트가 된다.

「당신은 어떤 일로 칭찬을 들었는가?
여러 사람들의 코멘트를 떠올려보자.」

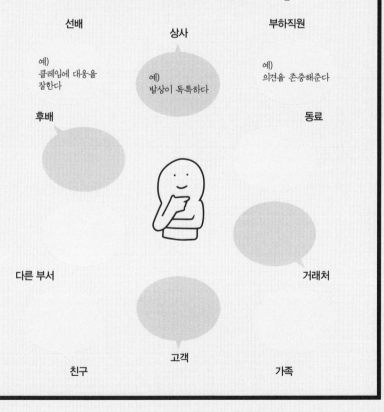

선배

상사

부하직원

예)
클레임에 대응을
잘한다

예)
발상이 독특하다

예)
의견을 존중해준다

후배

동료

다른 부서

거래처

친구

고객

가족

129

그림 13

일 년의 목표 설정

그림⑩ ⑪ ⑫에 기입한 내용을 정리해서 아래 양식의 우측에 기입.
그 내용들을 염두에 두면서 일 년의 목표를 설정한다.
네 개의 공간을 어떻게 활용할지 정한 뒤 목표를 기입하면 좋다.

일 년의 목표

인간관계

신규 고객 10개사
확보

신규 파트너 20명
확보

매달 파티에 참석

일상 업무

연간 기획 20건
통과

과거의 실적을
기록 저장

사내 문서 규칙
개선

공부

토익 800점 득점

마케팅 서적 10권
읽기

단기 유학 준비

기타

아이의 입시를
도움

일 년에 3번은
가족여행

장기 1단 목표

'강점' 파악

채택되는 기획서를 쓸 수 있음
정리 정돈을 잘 함
책을 빨리 읽음

'강점이 아닌 것'은 그만두기

중국어 공부를 그만둠
사내 문서 작성 시간을 반으로 단축
데이터 입력 작업을 외주화

'강점의 원석' 발견

파티에서 스피치가 호평
학계 연구자 인맥이 풍부
영어 발음을 칭찬 받음

매일 반복한다

일 년의 목표를 토대로 하루 피드백을 반복해간다.

① 하루 피드백 ; 자신과의 대화 & 목표 설정

하루 피드백에서 자신과의 대화에 시간을 많이 들일 필요는 없다. 하지만 목표가 당장의 TO DO 리스트가 되지 않도록 주의하자.

하루의 목표는 일 년의 목표를 염두에 두고 생각한다. 그리고 구체적인 작업 수준에 맞춰 하루의 목표를 설정한다. 하루의 목표를 설정할 때 네 개의 공간을 사용하는 방법은 99~100페이지를 참고하자.

피드백을 실천한 사람들의 경험에 따르면 하루의 작업량은 10~20개가 적당하고 너무 많으면 부담이 된다고 한다. 물론 사람마다 일을 진행하는 속도가 다르기 때문에 피드백 실천을 반복하며 적정 작업량을 조절해나가면 된다.

이 작업은 가능한 한 전날 저녁에 마치도록 한다(117페이지 참조).

② 하루 피드백 ; 목표와 성과를 비교

달성한 목표는 그때마다 가로줄을 그어서 지운다. 가로줄을 그어 보이게 지움으로써 원래 쓰여 있던 내용을 확인할 수 있다. 그렇게 수첩을 수시로 보면서 달성 상황을 확인한다.

또 발견한 강점의 원석도 그때마다 기록한다. 매일 발견하지 못했더라도 매일 의식한다. 그리고 당일 밤, 다시 목표와 성과를 비교하며 다음 날 피드백을 준비한다.

③ 다음 날 피드백 ; 자신과의 대화 & 목표 설정

목표와 성과를 비교한 결과를 다음 날 피드백을 작성할 때 반영한다. 달성한 목표는 단순히 그걸로 끝내지 말고 다음 날 더 향상시킬 수 있는지도 검토해보아야 한다. 달성하지 못한 목표는 반드시 해야할 일이 아니라면 그만두기를 고려해보자. 물론 필요하면 다음 날의 목표로 다시 설정한다.

그림 14

하루의 목표 설정

하루의 목표는 일 년의 목표를 토대로 생각한다.
일 년의 목표 설정과 마찬가지로 네 개의 공간을
어떻게 사용할지 정한 뒤에 하루의 목표를 기입한다.
발견한 강점의 원석을 적을 칸은 목표 설정의 단계에서는 공란 상태로 남겨둔다.

하루의 목표

인간관계

클라이언트 A회사의
B씨와 회의

파트너 C회사와 친목회

친구 E에게 전화

일상 업무

○○의 기획서를 완성

회의용 보고서 작성

출장 항공권 구입

공부

○○라는 책을 3장 읽기

영어 교재 찾기

마케팅 책을 한 권 구입

기타

가족여행 계획

아이의 입시 학원을
알아보기

주말에 볼 영화 DVD를
대여

'강점의 원석' 발견

그림 15

하루의 목표와 성과 비교

달성한 목표는 가로줄을 그어서 지운다.
또한 발견한 강점의 원석도 기입한다.
달성한 목표는 더 향상시킬지를 검토한다.
달성하지 못한 목표는 그만둘지 다음 날 목표로 다시 잡을지를 검토한다.

당일

하루의 목표

인간관계	일상 업무
클라이언트 A회사의 ~~B씨와 회의~~	~~〇〇의 기획서를 완성~~
~~파트너 C회사와 친목회~~	~~회의용 보고서 작성~~
친구 E에게 전화	~~출장 항공권 구입~~

공부	기타
~~〇〇〇라는 책을 3장 읽기~~	가족여행 계획
영어 교재 찾기	~~아이의 입시 학원을 알아보기~~
~~마케팅 책을 한 권 구입~~	주말에 볼 영화 DVD를 대여

'강점의 원석' 발견

법률을 잘 아는 F씨를 만남
젊은 사원 대상의 매너 강좌가 호평을 받음

다음 날

하루의 목표

인간관계	일상 업무
클라이언트 B회사의 A씨와 회의	〇〇의 기획서를 완성
부하직원 C와 상담	지난주의 자료를 PDF로 변환
친구 D와 저녁식사	다음번 매너 강좌 검토

공부	기타
〇〇〇라는 책을 4장 읽기	가족여행 계획
마케팅 관련 뉴스레터 구독	박보장기 10문제 풀기
영어회화 방송을 시청	

'강점의 원석' 발견

일 년마다 목표와 성과를 비교해본다

일 년 피드백을 돌아보고 다음 일 년 피드백을 준비하는 기간은 아주 중요하다. 최소 일주일 정도의 시간을 들여서 준비한다. 참고로 드러커의 경우 여름휴가 때 2주일 정도 산장에 틀어박혀 이 작업을 했다고 한다.

① 일 년 피드백 ; 목표와 성과를 비교

우선 첫 페이지에 써넣은 일 년의 목표를 살펴보자. 목표와 성과를 비교하여 성과가 올라간 것은 가로줄을 그어 보이게 삭제한다. 이 작업은 하루 피드백과 마찬가지로 달성한 시점에서 확인해도 상관없다.

다음으로는 일 년 동안 모인 하루 피드백 페이지를 살펴보자. 일년 동안 모인 강점의 원석 발견의 칸을 하루하루 모두 확인한 뒤 강점의 원석을 추려낸다(85페이지 참조).

② 다음 일 년 피드백 ; 자신과의 대화 & 목표 설정

일 년 피드백 결과를 다음 일 년 피드백에 전적으로 활용한다. 이때 중요한 것이 강점이다.

1년째는 따로 용지(127~129페이지)를 사용해서 강점을 생각했지만 2년째 부터는 지난 일 년 피드백 결과에 강점을 생각해낼 수 있는 재료가 넘쳐난다. 수첩을 살펴보면서 강점을 파악하고 강점이 아닌 것은 그만두며 강점의 원석을 꼼꼼하게 찾아보자.

다음 일 년의 목표 설정은 하루 피드백과 기본적으로 동일한 사고를 적용한다.

· 달성한 목표는 이듬해에는 한층 더 강화된 목표로 발전시킨다.
· 달성하지 못한 목표는 그만두기를 고려해본다.

이 과정이 강점을 토대로 자신을 구축해가는 것이다. 매년 세우는 목표는 앞으로 계속될 피드백의 근간이 된다. 절대 초조해하지 말고 석판에 글자를 새기듯 신중하게 임하기 바란다. 이는 바로 드러커가 하고 있던 일이다.

그림 16

일 년의 목표와 성과 비교

달성한 목표는 가로 줄을 그어서 지운다.
하루 피드백과 동일한 작업을 매년 한 번씩 확실하게 시간을 들여서 한다.
또 하루 피드백(일 년치)을 돌아보고 강점의 원석을 검토한다.

일 년의 목표

인간관계

신규 고객 10개사 확보

신규 파트너 20명 확보

매달 파티에 참석

일상 업무

연간 기획 20건 통과

과거의 실적을 기록 저장

사내 문서 규칙 캐선

공부

토익 800점 득점

마케팅 서적 10권 읽기

단기 유학 준비

기타

어어의 입사를 도움

일 년에 3번은 가족여행

장거 1단 목표

'강점' 파악

채택되는 기획서를 쓸 수 있음.
정리 정돈을 잘 함
책을 빨리 읽음

'강점이 아닌 것'은 그만두기

중국어 공부를 그만둠
사내 문서 작성 시간을 반으로 단축
데이터 입력 작업을 외주화

'강점의 원석' 발견

파티에서 스피치가 호평
학계 연구자 인맥이 풍부
영어 발음을 칭찬 받음

하루 피드백
(일 년치)

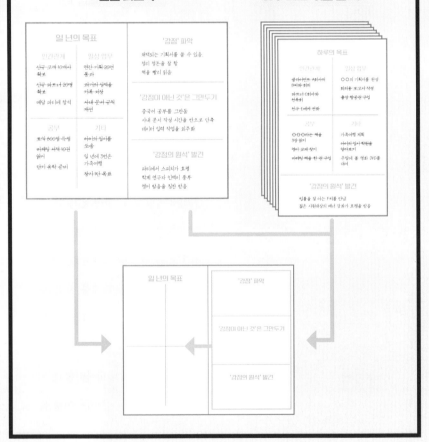

138

'미래는 알 수 없다'에서 시작한다

드러커는 사람들의 예상과 달리 미래예측을 전혀 하지 않는 사람이었다. 그가 미래에 대해 한 말은 단 두 마디다.

미래는 알 수 없다_《피터 드러커 창조하는 경영자》

인간은 미래를 알 수 없다. 반대로 말하면, 미래를 보고 온 듯 말하는 사람은 모두 거짓말쟁이라고 단정지을 수 있다. 알지 못하는 일을 말하고 있는 것이기 때문이다.

미래는 현재와는 다르다_《피터 드러커 창조하는 경영자》

미래는 적어도 지금의 모습과는 다른 모습이다. 왜냐하면 이 세상은 계속 변화하고 있기 때문이다.

그렇다면 우리가 미래를 전혀 알 수 없느냐 하면 그렇지는 않다.

할 수 있는 일은 '지금, 여기'에 있는 것을 세심하게 관찰하고 피드백하는 것이다.

자신의 혜안을 믿고 분명하게 대상을 볼 줄 알아야 한다. 그리고 많이 보고 적게 판단해야 한다. 훌륭한 사진가는 셔터를 누르기 전에 집요할 정도로 대상을 유심히 관찰한다. 그리고 쓸데없이 셔터를 누르지 않는다.

예를 들면 인구예측은 전형적인 '지금, 여기'의 관찰이다. 거의 빗나가는 일 없이 높은 정확도로 미리 인구를 예측해볼 수 있다. 올해 태어난 아이들 숫자로 20년 뒤에 20세를 맞이하는 인구를 산출하는 것은 별로 어려운 일이 아니다.

세심하게 관찰하는 사람들에게 미래는 이미 현재에 나타나 있다.

세심하게 관찰하는 사람들에게

미래는 이미 현재에 나타나 있다.

전체의 모습을 파악하는 데 필요한 것은 '지금, 여기'를 세심하게 관찰하는 것이다

3부

성공적인 제2의 인생을 준비하는 '하프타임'

8장

하프타임이란 무엇인가

제2의 인생을 준비한다

"인생은 무언가를 달성하기에는 너무 짧고 아무것도 하지 않고 보내기에는 너무 길다."

철학자 니체는 이렇게 말했다.

확실한 건 자기실현을 하지 않는 인생은 못 견딜 만큼 지루하다는 점이다. 새로 얻는 지식이나 경험도 그냥 그렇고, 그것들을 실행에 옮기는 일도 하루하루가 별 다를 게 없는 활력이 없는 일상……. 이처럼 자기 삶의 주체가 되지 못하는 것은 조직이나 사회, 무엇보다 자기 자신에게 가장 불행한 일이다.

한편 자기 실현을 하는 사람은 항상 젊다. 드러커는 책을 쓰며 자기실현을 이뤄나갔다. 그는 항상 자기 인생 최고의 책이 될 다음 책을 구상하며 살았다.

최근 일본에서도 직장을 다니면서 따로 비영리 단체활동을 하는 사람들이 많아지고 있다. 회사와 사회활동을 병행하며 명함 두 장을 가지고 다니는 사람들도 자주 볼 수 있다.

또 예전에는 당연히 회사의 수명이 사람의 수명보다 길다고 생각했다. 하지만 지금은 사람이 회사보다 더 오래 살게 되었다.

이제는 사람의 능력에 비해 회사의 그릇이 너무 작다.

대략 30대 후반 정도까지는 회사가 당신의 에너지를 흡수할 수 있다. 하지만 40세를 넘길 즈음부터는 회사의 그릇이 작아서 당신의 에너지를 다 흡수하지 못할 수도 있다.

회사에서 아무리 출세해도 회사라는 작은 세계에만 얽매이면 외적으론 성공한 것 같아도 개인의 내실은 빈약할 수도 있다. 드러커도 다음과 같이 권했다.

"40세를 넘긴 무렵부터 제2의 인생을 준비하라."

성공적인 후반 생을 위한 5년의 도움닫기

〈USA 투데이〉의 전직 기자로 자기계발론을 연구하는 브루스 로젠스타인 저널리스트와 대화하던 중 드러커는 다음과 같이 말했다.

"내가 보기에 인생을 잘 산 사람은 두 개 이상의 인생을 동시에 살아왔다."

드러커는 40세 무렵부터는 제2의 인생을 향한 도움닫기를 해볼 것을 권한다.

스포츠는 대개 전반과 후반 사이에 하프타임이 있다. 하프타임은 전반전을 돌아보고 후반전 경기를 계획하기 위해 생각하는 시간이다. 전반전을 아무리 잘 치러도 후반전 경기의 계획에 따라 시합의 판도는 어떻게 달라질지 모르는 일이다. 반대도 역시 마찬가지다.

인생도 똑같이 말할 수 있다. 오늘날 사람들의 평균 수명은 80세가 넘는다. 제2의 인생을 계획할 때 전반 생과 후반 생을 함께 달리는 시간이 필요하다. 전반에서 얻은 무기를 후반에서 활용하기 위한 준비가 꼭 필요하다.

도움닫기 기간은 5년 정도로 생각한다.

5년은 길다는 생각이 들 수도 있지만 과연 긴 시간일까. 당신은 제2의 인생을 반세기 혹은 그 이상을 살 가능성이 있다. 남은 반세기를 잘살기 위해 깊이 생각할 시간이 5년이라면 오히려 짧은 시간이 아닐까.

지식 노동자는 경험이라는 무형 자산이 늘어나는 만큼 나이가 들수록 업무 질이 향상된다. 그리고 자신의 강점을 알고 그 강점을 토대로 자신을 성장시키면서 다른 분야로 시선을 돌린다. 인생 전반을 싸워낸 경험을 바탕으로 후반전의 계획을 진지하게 생각하는 것이다.

40세보다 훨씬 어리거나 40세를 훌쩍 넘은 나이의 사람이어도 괜찮다. 40세라는 나이는 이해하기 쉬운 하나의 기준에 불과하기 때문이다. 너무 이르지도 않을뿐더러 너무 늦지도 않은 나이 40세로 기준을 삼은 것일 뿐이다.

'영혼이 추구하는 것'을 파악한다

앞으로의 후반 생을 생각할 때 마음속에서 들리는 영혼의 목소리에 귀를 기울여보자.

드러커의 컨설팅을 받은 밥 버포드라는 경영자가 있다. 버포드는 전반 생에서 회사 경영자로 크게 성공을 거두고 후반 생에는 대형 교회를 건립해 명성을 떨쳤다.

버포드는 텍사스 주에서 케이블 텔레비전 회사를 경영했다. 사업가로서의 성공만 바라보며 살아온 그는 자신의 인생이 어느 지점에 있는지조차 모른 채 그저 앞만 보고 달려왔다. 하지만 그의 영혼이 바라는 것은 그 사업에는 없었다.

버포드가 42세 때 좋아하는 미식축구 경기를 관전하고 있을 때 전반전과 후반전 사이에 하프타임이 주어졌다. 그때 버포드는 문득 깨달았다.

'지금 내 나이 마흔 넷, 인생의 하프타임이다.'

계시를 받은 듯 버포드는 후반 생의 계획을 진지하게 고민해보아야 한다고 생각했고 자신의 내면에서 들려오는 영혼의 목소리에 귀를 기울였다.

당시 버포드는 케이블 텔레비전 회사를 경영하는 한편 독실한 기독교인으로서 교회에서도 성실히 활동 중이었다. 그는 영혼이 추구하는 바를 성실히 따르고 싶었고 대형 교회를 건립하는 데에 자신의 후반 생을 걸기로 결심했다. 그는 케이블 텔레비전 회사를 다른 사람에게 넘겨주고 미래를 함께 만들 새로운 파트너를 찾아 여행을 떠났다.

버포드는 드러커와 의논하면서 자기 영혼이 정말 추구하는 일로 인생의 방향을 틀기 시작했다. 그리고 후반 생에는 자신의 강점을 대형 교회라는 다수를 위한 교회를 건립하는 데에 활용함으로써 사회에 큰 공헌을 했다.

버포드에게 흥미가 있는 사람은 권말의 참고문헌에서 소개한《밥 버포드, 피터 드러커에게 인생 경영 수업을 받다》를 읽어보기 바란다.

'무엇을 하고 싶은가'가 아니다

제2의 인생을 시작하는 좋은 예로 버포드의 일화를 소개했지만 한 가지 오해하지 말아야 할 사실이 있다.

전반 생에 손에 넣은 성과는 후반 생에서도 강하게 영향을 미친다는 사실이다.

사람들은 대부분 곰곰이 고민해보지 않고 생각만으로 중요한 결정을 내린다. 아무 근거도 없는 생각, 즉흥적인 행동은 드러커 방식이 아니다. 그런 도박 같은 행동은 피드백과는 완전히 반대된다.

버포드의 예에서 '영혼이 추구하는 것'이라고 표현한 이유는 단순히 '좋아서', '왠지 해보고 싶어서'라는 수준과 구별하기 위해서다.

버포드의 사례에서 그가 원래 독실한 기독교인이며 나아가 경영자로서의 경험이 성공 배경에 있었다는 점을 꼭 상기해야 한다.

그렇다면 무엇을 해야 할까. 답은 바로 드러커가 말하는 짧은 한 문장에 있다.

어떤 일을 시작할 때는 과거의 성과를 먼저 분명하게 확인하라. 《밥 버포드, 피터 드러커에게 인생 경영 수업을 받다》

간단해 보이지만 막상 실천하기는 어려운 일이다. 성공적인 후반생을 보내기 위해 생각할 일은 '나는 무엇을 하고 싶은가'가 아니다.

'나를 이용해 어떤 성과를 올려야 하는가'를 생각해야 한다. '내가 어떤 성과를 올리고 싶은가'를 생각하면 반드시 틀리게 된다. 틀린다기보다는 답은 안 나오고 막다른 골목에서 길을 잃게 되기 쉽다.

어디까지나 나라는 재목으로 세상에 어떤 도움을 줄 수 있는지 고민해보는 게 중요하다. 경험을 쌓을수록 이 말의 의미를 이해하게 될 것이다.

'어떤 사람으로 기억되기를 바라는가'를
자신에게 묻는다

드러커는 김나지움 시절의 종교과목 선생님인 필리글러 목사님과
의 추억을 다음과 같이 서술한다.

내가 열세 살 때 종교과목 선생님이 학생들에게 "어떤 사람으로 기억
되고 싶니?" 하고 물었다. 아무도 대답하지 못했다. 선생님은 "대답을
기대하진 않았단다. 하지만 쉰 살이 되어서도 대답하지 못한다면 인
생을 잘못 산 거라고 봐야 할 거야"라고 말했다. 《비영리단체의 경영》

당신은 어떤 성과로 사람들 기억 속에 남고 싶은가?

이 물음의 의의는 사람은 언젠가 죽는다는 엄숙한 사실을 떠올리
게 하고 끝이 있는 인생을 완전히 꽃 피워야겠다는 결심을 하도록 돕
는 점에 있다.

그리고 60년 뒤, 드러커는 김나지움의 동창회에 참석한다. 1980년
대 후반이었다. 동창생들은 거의 80세가 다 된 나이가 되어 있었지만
대부분 건강한 모습이었다고 한다. 그는 그 모임의 모습을 다음과 같
이 서술한다.

너무 오랜만이라서 처음에는 대화도 어색했다. 그러자 한 사람이 "필리글러 목사님의 질문을 기억하느냐?" 하고 물었다. 모두 기억하고 있었다. 그리고 모두 40대가 될 때까지 그 질문의 의미를 이해하지 못했지만 40대 이후에는 이해할 수 있었고 이 질문 덕에 인생이 바뀌었다고 했다. 《비영리단체의 경영》

필리글러 목사님의 질문이란 '어떻게 기억되고 싶은가'라는 물음이다. 오랜 세월을 거쳐 이 질문이 반짝이게 되는 순간이 오게 된 것이었다.

포인트는 40대가 될 때까지 그 질문의 의미를 이해하지 못했다는 점이다. 충분한 정신적 성숙이 이루어져야 비로소 하게 될 수 있는 질문이 있다. 성숙한 질문은 답하는 사람을 한층 더 성숙하게 만든다.

'어떤 사람으로 기억되고 싶은가'는 인생 전반의 피드백을 촉구하는 결정적인 질문이다.

어디까지나 나라는 재목으로

세상에 어떤 도움을 줄 수 있는지 고민해보는 게 중요하다.

9장

최상의 '하프타임'을 보내는 법

'하프타임'에 과거와 미래를 함께 조망한다

하프타임은 피드백을 3년 이상 한 뒤에 갖기를 권한다.

하프타임에서는 피드백보다 훨씬 긴 시간축상에서 생각한다. 그렇기 때문에 숨을 쉬듯 자연스럽게 피드백을 할 수 있게 된 뒤가 아니면 출발부터 넘어지고 말 것이다. 그 점을 우선 이해하고 다음을 읽어나가보자.

하프타임은 아무런 생각 없이 하는 인생 설계를 의식화하는 도구이며 피드백의 응용, 일생 피드백이다.

5년간의 하프타임을 중심으로 전반 생을 두 개(봄, 여름)로 나누고 후반 생도 두 개(가을, 겨울)로 나눈다.

이 프레임에서 과거와 미래를 바라보면 다음 기회가 어디에 있는지 보인다. 미래의 씨앗은 과거에 이룬 일 중에서 발견할 수 있다.

전반 생의 성과나 터득한 부분을 확실히 짚어보고 자신을 정확히 파악한다. 그 후 자신의 사명을 재정의한 후, 후반 생에서 이룰 성과를 생각한다.

하프타임을 실천할 때 161페이지 표를 활용해보자. 이 표를 컴퓨터나 커다란 노트에 작성해보자. 다음 페이지에서 상세히 설명하겠지만 이 표는 이력서, 사명, 미래의 성과라는 세 가지 요소로 구성되어 있다.

'이력서', '사명', '미래의 성과'를 생각한다

하프타임에서는 다음 세 가지를 생각해야 한다.

① 이력서(자신의 강점)

냉정하게 분석해야 하는 것은 자신이 손에 쥔 무기, 즉 강점이다.
강점이 없었더라면 혹독한 인생을 잘 살아나가지 못했을 것이다.
다음 질문을 스스로에게 던져보자.

· 전반 생에서 무엇을 이루었는가?
· 왠지 모르게 언제나 좋은 평가를 받은 일이 있는가?
· 일의 판도를 바꾼 결정적 순간은 언제였는가?
· 최고의 업적은 어떤 것이었는가?
· 어떤 컨디션일 때 최고의 성과를 내는가?

· 팀 동료들은 어떤 사람들이었는가?

② 사명

전반 생을 돌아본 뒤 후반 생의 사명을 생각해보자.

당신의 '영혼이 추구하는 것', '어떤 사람으로 기억되고 싶은가'를 생각해본다.

· 죽은 뒤 어떤 사람으로 기억되고 싶은가?

· 당신은 누구를 행복하게 해주었는가?

· 누가 당신을 행복하게 해주었는가?

③ 미래의 성과

후반 생의 사명을 토대로 '나를 활용해 어떠한 성과를 올려야 하는가'를 생각해보자.

· 당신의 강점을 살릴 수 있는 새로운 분야는 무엇인가?

· 시작하고 싶지만 시작하지 못한 분야는 무엇인가?

· 새로운 파트너로 함께 활동할 사람들은 있는가?

그림 18

'하프타임' 양식

전반과 후반으로 나눈 인생을 반으로 더 나누어서 4개로 분할하여 생각한다.
기본적으로는 현시점을 하프타임으로 한다.
다음은 '현재 40세, 인생 전체는 85세'로 가정한 경우의 예다.

나이	회고	나이	회고
0		20	
1		21	
2		22	
3		23	
4		24	
5		25	
6		26	
7		27	
8		28	
9		이력서	
10			
11		31	
12		32	
13		33	
14		34	
15		35	
16		36	
17		37	
18		38	
19		39	
하프타임			
		사명	
		미래의 성과	
45		65	
~		~	

161

그림 19

'하프타임'의 기입 예

이력서 칸은 사용하기 쉽게 만드는 것이 좋다.
필요하다면 기입하는 칸을 크게 만들어 회고 내용을 상세하게 기입한다.
모든 칸을 메우지 않아도 괜찮다. 중요한 사항을 정확하게 파악하는 게 관건이다.

나이	회고	나이	회고
0	가나가와 현 가나가와 시에서 출생	20	학원 강사 아르바이트 중 수강생이 지망하던 학교에 합격
1	아버지 집안의 고택에서 성장	21	인터넷에 빠져 한 과목 과락
2	요코하마 시로 이사	22	음악 관련 웹사이트 제작
3	공원을 뛰어다니는 것을 좋아함	23	○○출판사 입사
4	한자로 이름을 쓸 수 있게 됨	24	컴퓨터 잡지의 연재 코너를 담당
5	피아노 배우기 시작	25	컴퓨터 잡지의 특집을 담당
6	○○초등학교 입학	26	서적 편집팀으로 이동
7	소년 야구팀에 들어감. 포지션은 세컨드	27	컴퓨터 관련 서적 담당, 5만부 판매
8	프라모델에 흥미 갖기 시작	28	벤처 기업가 A씨와의 만남
9	야구로 구대회에서 준우승	29	벤처 기업가 A씨의 책을 담당, 매출 10만부
10	피아노 발표회에서 표창	30	사내의 B씨와 결혼. B씨는 퇴직하여 전업주부
11	추리소설을 많이 읽음	31	아이 출생
12	○○중학교 입학, 야구부 들어감	32	사보를 제작, 높은 평가를 받음
13	피아노와 야구부를 그만 둠	33	기획력을 높이 평가받아 신규사업부로 이동
14	기타 연주를 시작	34	자사 웹사이트를 제작해 사내에서 표창
15	○○고등학교 입학, 경음악부 들어감	35	기획한 기업PR지 실현, 시리즈화
16	해외파 친구와의 만남으로 외국에 관심이 생김	36	기획한 PR지로 인생 최고의 매출고를 갱신
17	친구와 일주일의 미국 여행	37	기업 경영자들과의 교류가 활발해짐
18	○○대학 법학부 입학. 밴드부로 라이브를 연간 4회	38	자사 웹사이트로 사내 커뮤니케이션 활성화에 성공
19	영국에 한 달간 단기 유학	39	기업을 대상으로 한 콘텐츠 마케팅에 주력

하프타임

조직의 커뮤니케이션 활성화

| 45 ~ | 커뮤니케이션 활성화 기획을 20개사 이상에서 실현시킴.
팬클럽이나 회원제 커뮤니티 등 기업 이외에도 타깃 고객층을 확대.
우수한 기술을 지닌 웹 제작회사와의 파트너십 강화.
미래의 미디어 변화를 인식하여 책자나 웹 이외의 매체에 도전 | 65 ~ | 커뮤니케이션 활성화 사업으로 창업을 하고 후계자를 육성.
신흥국의 기업을 타깃으로 하여 커뮤니케이션 활성화를 전개. |

'이력서'가 미래를 알려준다

하프타임 표에는 전반 생을 돌아보기 위한 칸이 준비되어 있다. 이른바 전반 생의 이력서다.

당신은 성공적인 제2의 인생을 살기 위해 필요한 능력을 이미 충분히 갖추고 있다는 사실을 깨달아야 한다.

당신은 전반 생을 훌륭히 잘 살아왔다. 그 사실 하나만으로도 정말 훌륭한 업적이다. 다양한 경험을 통해 당신이 가진 기술이나 지식도 발전했다.

전반 생의 이력서에는 앞으로 어떻게 살아야 하는지에 대한 힌트가 들어있다. 이 힌트를 양분으로 삼아 제2의 인생을 계획해보자.

전반 생의 이력서에는 업무뿐 아니라 사적인 일과 공적인 일, 공적이지 않은 일도 적어보면 좋다. 그 모든 게 앞으로 자신을 계속 관찰하고 피드백하는 데 의미 있는 정보가 된다.

159페이지의 물음을 염두에 두고 자신을 출생부터 일 년씩 돌아본다.

· 어떤 아이였는가?
· 가족은 어떤 사람들이었는가?
· 학창시절은 어떻게 보냈는가?
· 어떤 꿈을 품고 취직했는가?
· 친구들은 어떤 사람들이었는가?
· 어떤 사람과 결혼했는가?
· 회사에서 어느 부서에 있었는가?
· 어디로 이직을 하였는가?
· 어떤 사회활동을 하였는가?

이력서를 기입할 때는 모든 해를 기입하지는 않아도 된다. 이 이력서는 과거의 기록이라기보다는 미래를 가르쳐주는 지도다.

친한 친구의 인생을 바라보듯이 객관적인 눈으로 자기 인생을 되돌아보자.

'전반 생의 이력서'를 쓰면서 인생의 '사명'을 다시 정한다

전반 생의 이력서를 쓰는 작업은 미래 자신의 사명과 성과를 생각해내는 데 큰 도움을 준다. 장기적인 시간축에서 자신을 관찰하고 피드백하는 최고의 도구인 것이다.

지금의 자신이 지난 과거에 한 노력으로 이루어진 사실을 알고 스스로를 칭찬하고 싶어질 것이다. '그동안 내가 살아나갈 수 있던 것은 이 강점 덕분이다'라고 생각하게 되어 자기 안에 잠든 무기를 발견하는 계기도 된다.

이 이력서를 참고해 사명을 재정의한다.

① 미래에 도움이 된다는 전제를 둔다

당신이 손에 쥔 무기는 상상을 초월하여 적용 가능하다는 점을 염두에 두면서 사명을 재정의를 하면 효과적이다. 사명은 이미 당신 인생에 나타나 있다. 이력서를 몇 번이나 주의 깊게 읽음으로써 당신은 사명을 깨닫고 찾아내기만 하면 된다.

② 무엇을 남겼는지에 주의를 기울인다

당신이 달성한 일에 사명이 자기 모습을 드러내고 있다. 그 일은 어떤 상황에서 누구와 함께 달성했는지도 생각해본다.

③ 하지 못하고 있던 일을 의식한다

계속 하고 싶었지만 일상의 잡다한 일에 쫓겨 손대지 못한 일은 없는가. 그 일은 사명이 당신에게 요구하는 숙제일 가능성이 높다. 예를 들면 업무에서는 성공했지만 가족이나 이웃과는 제대로 관계를 맺지 못했을 수 있다. 혹은 전반 생에서 익힌 기술을 다른 일에 활용할 수 있는 아이디어가 떠오를 수도 있다. 사명은 단순한 바람이나 불현듯 떠오른 생각은 아니라는 점을 다시 한번 강조한다.

중요한 것은 '무엇을 하고 싶은가'가 아니다.
'영혼이 추구하는 것은 무엇인가' 또는 '어떤 사람으로 기억되고 싶은가'라는 질문에 답해보는 게 중요하다.

'사명'에 '미래의 성과'를 분명히 나타내라

사명은 장기의 시간축에서 인생을 조망했을 때 진정한 모습을 드러낸다. 인생 전체를 의식하면서 과거와 미래를 조감하는 것이다. 그러면 마치 새와 같은 눈으로 인생이라는 대지를 볼 수 있게 된다.

그런 다음 미래에 남은 시간을 생각하면 앞으로 해야 할 일의 우선순위를 명확하게 의식할 수 있다. 자신과의 대화가 자동적으로 시작된다.

■ 사명을 단순한 문장으로 정리한다

사명을 문장으로 정리할 때 드러커는 "티셔츠에 쓸 수 있을 정도로 간단한 게 좋다"고 조언한다.

또 사명은 외부 세계에 하는 공헌이어야 한다. 드러커는 한 병원이 사명을 '건강 증진'에서 '환자의 안심'으로 바꾼 예를 들고 있다.

■ 우선순위를 염두에 두면서 작은 행동부터 시작한다

처음 시작하는 행동은 사소해도 된다. 아니, 사소해야만 한다. 갑자기 크게 행동해야 한다면 실현 가능성이 낮아질 수 있다.

■ 사명을 이루기 위해 자신의 강점을 어떻게 활용할지 신중하게 생각한다

강점을 바탕으로 자기 인생의 사명을 재정의하면 그것을 실현할 능력이 이미 충분한 상태가 된다. 기술이나 지식 등 자신의 강점을 어떻게 활용할지를 신중히 생각하자.

필요한데 아직 손에 넣지 못한 강점도 있을 것이다. 그것은 후반 생에서 손에 넣으면 된다.

■ 함께 일할 수 있는 훌륭한 파트너는 어떤 사람인지 생각한다

지식 노동자는 파트너십으로 움직이는 사람들이다. 어떤 지식이나 경험을 가진 사람과 활동하면 좋을지도 생각해보자. 앞의 밥 버포드는 대형 교회를 설립하는 준비로 기업가 정신이 풍부한 목사를 찾아 전국을 돌아다녔다.

'하프타임'을 의식하면서 '피드백'한다

피드백을 가장 방해하는 것은 초조해하는 것이다. 잘 자라는 사람은 천천히 성장한다.

'천천히 서둘러라'가 피드백 수첩을 쓸 때 꼭 기억해야 할 신조다.

특히 하프타임에서 절대 초조해하면 안 된다. 후반 생이라는 장기전을 계획하는 것이기 때문에 안일한 태도로 임하는 것도 안 된다. 버포드도 자기 나름의 대답을 찾을 때까지 수년의 기간을 보냈다. 하프타임 동안과 하프타임을 거쳐 후반 생에 돌입한 뒤에도 피드백은 계속해나간다.

이때 매일 피드백 수첩을 사용하면서 하프타임이라는 개념을 잊어서는 안 된다.

목표가 있는 인생은 빨리 지나간다. 이 사실을 잊어서는 안 된다. 후반 생을 생각해야 할 때에 자칫 하루하루의 피드백에만 정신이 팔려 성공적인 후반 생을 계획할 좋은 기회를 놓칠 위험이 있다.

드러커는 말한다.

맷돌을 보면서도 언덕 위를 봐야 한다. 《비영리단체의 경영》

물론 눈앞의 맷돌에서도 눈을 떼면 안 된다. 동시에 멀리에도 시선을 주지 않으면 눈앞의 맷돌이 세계의 전부라고 착각할 수 있다.

그렇기 때문에 하프타임에 돌입하기 전부터 후반 생을 이미지화하여 메모해두자.

반드시 목표일 필요는 없다. 명언이나 교훈, 좋아하는 말이라도 괜찮다. 그것들을 수첩 뒤에 적어놓고 틈날 때마다 보도록 하자.

밖으로 나가서 직접 보고 듣는다

인터넷의 발달로 정보 수집이 과거보다 훨씬 더 수월해졌다. 교통 정보와 행사 정보 등 알고 있으면 바로 도움이 되는 정보가 많다.

하지만 치명적으로 부족한 정보가 있다. 바로 당신 자신에 대한 정보다.

유감스럽게도 정보의 보고인 인터넷도 '당신이 내일 무엇을 해야 하는가'는 가르쳐주지 않는다. '당신이 어떤 사람이고 강점은 무엇이 며 어떻게 하면 세상에 공헌할 수 있는가'도 알려주지 않는다. 혹은 '당신을 꼭 필요로 하는 고객은 어떤 사람들이고 그들이 진정으로 바라는 것은 무엇인가'도 가르쳐주지 않는다.

그렇다면 그처럼 정말 필요한 정보는 어떻게 얻어야 할까. 드러커 는 이렇게 말한다.

"밖으로 나가서 직접 보고 귀를 기울여야만 얻을 수 있다."

밥 버포드가 대형 교회에 후반 생을 걸려고 결심했을 때 그는 미국 각지에서 활약하는 대형 교회의 지도자들에게 가르침을 구했다. 그들은 모두 '사람들이 왜 교회에 가지 않을까' 하는 작은 질문에서 시작해 직접 현장으로 나가게 되었다고 말했다.

그리고 그 의문에 대해 그 지도자들이 취한 행동은 판에 박은 듯이 똑같았다. 그들은 한 집 한 집 문을 두드리면서 "왜 교회에 안 가십니까?" 하는 질문만 하고 다녔다고 한다.

이것은 드러커의 마케팅에서 기본 중의 기본이다.
고객을 찾아가서 직접 물어라. 이 방법이 가장 빠르고 정확하다.

교회에 가지 않는 이유를 묻고 다니면서 그들이 교회에 가지 않는 것은 교회가 싫다거나 믿음이 없어서가 아니라는 사실을 알았다. 모두 속으로는 교회에 가고 싶다고 생각하고 있었다. 다만 많은 사람들이 교회의 헌금 강요와 깐깐한 설교로 스트레스를 받아 교회에 가지 않는다고 했다. 그래서 버포드는 누구나 다니고 싶은 교회를 만드는 사업을 시작하게 되었다.

친한 친구의 인생을 바라보듯이

객관적인 눈으로 자기 인생을 되돌아보자.

지식은 행동으로 증명되어야 한다

4부

경영학의 대가 피터 드러커를 만든 '피드백 공부법'

'피드백'으로 배움의 끈을 평생 이어간다

드러커는 평생에 걸쳐 배움의 끈을 놓지 않은 사람이다.

배움에 대한 의욕을 잃지 않는다면 당신 앞에 지(知)의 거인이
되는 길이 펼쳐진다.

대학에 다시 들어가거나 MBA를 취득할 필요는 없다. 드러커식 학
습은 스스로 배우고 익혀가는 방식의 공부다. 그 자신이 스스로 배우
고 익히며 실천하는 사람이었다.

초등학교 시절에 엘자식 노트로 피드백에 눈뜬 드러커는 이후에도
이 궁극의 발전 회로를 배움에 활용했다. 일 년을 월반하여 김나지움
에 입학했고 입학 뒤에는 상위 25퍼센트에 들어가는 우수한 성적을

거두었다. 그 뒤 일과 학업을 병행하는 격무 속에서도 21세에 박사학위를 취득했다.

또 그는 일에서 많은 것을 배운 사람이었다. 젊은 시절부터 전업 학생이었던 적은 없었다. 프랑크푸르트 대학 재학 시절, 정치학을 연구하면서 동시에 신문기자로 일했다. 드러커는 교수가 되어서도 공부와 일을 병행하고 있는 학생을 특히 총애했다고 한다.

그는 더 깊이 배우고 더 많이 배우려고 노력했다. 그리고 세상을 뜨기 직전까지도 제인 오스틴의 소설이나 셰익스피어 전집을 읽었다.

배우는 방법도 피드백 그 자체였다.

피드백에 끝은 없다. 피드백 수첩을 손에 들고 내면의 스승 드러커의 존재를 느끼면서 당신 자신의 목표를 실현하기 위해 전진하기 바란다.

실용과 교양을 함께 익힌다

배움은 다양한 가치를 만들어낸다. 동시에 배움은 막대한 시간과 에너지를 소비한다. 그렇기 때문에 '무엇을 배울까'를 결정할 때는 자신과의 대화를 통해 차분하고 깊이 생각해야 한다.

배움은 크게 다음 두 가지로 나뉜다.

① 실용 회로

HOW(어떻게)에 대한 회로로, 이 회로는 태어난 순간부터 진부화된다.

② 일반교양(Liberal Arts) 회로

WHAT(무엇)에 대한 회로로, 그리스 시대부터 현대까지 진부화되지 않고 만고불변의 지혜로 존재한다.

비즈니스에서 각 분야의 전문지식은 대부분 ①의 회로다. 정말로 당장 도움이 되는 지식은 금방 도움이 안 되게 된다. 물론 드러커는 ①의 회로를 경시하지는 않았다. ①의 회로는 하루하루의 양식을 얻는 데 아주 중요하다.

그래도 우리는 날마다 현실과 싸워온 결과로 한 차원 높은 지혜에 도달해야 한다. 이 지혜가 바로 ②의 회로다. 드러커의 경영이나 그와 관련된 방법론은 예외 없이 지혜의 차원에 속한다.

드러커는 인류 역사상 가장 오래된 지(知)층에서 일반교양이라는 물을 풍부하게 채취하여 경영이라는 실학의 숲을 길렀다.

양측 회로를 동시에 추구하고 가질 수 있는 지식을 서로 공유하는 일이 지(知)의 정밀도와 유용성을 높이는 최선의 길이다. 드러커는 그 사실을 잘 알고 있었다.

3년간 철저하게 배운다

드러커는 한 분야를 배우기로 정하면 3년간 철저하게 배웠다. 그의 지적 능력의 폭은 놀라울 정도로 넓어서 경제학, 정치학, 통계학, 일본 미술, 종교 등 여러 분야를 배우고 가르쳤다. 그의 배움의 과정을 보면 발밑부터 한 걸음 한 걸음 착실히 디뎌야만 정상에 도달한다는 사실을 분명히 알 수 있다.

'3년간'이라는 시간은 하나의 힌트가 된다.

하루 세 시간이 3년 동안 쌓이면 약 3,000시간이다. 분야에 따라 다르지만 전문가로서 최저 기준에 달하는 공부시간이다. 직장인의 경우 출퇴근 시간이나 잠깐 비는 시간 그리고 주말, 주일의 시간을 효율적으로 활용하면 만들 수 있는 시간이다.

여러 분야를 3년씩 철저하게 배우는 것은 우물을 여러 개 파는 것과 유사하다. 우물은 각기 떨어져 있어도 지하의 수맥은 서로 연결되어 있다. 마찬가지로 문학, 예술, 생물학, 화학, 정치 등 분야는 달라도 지식은 근본에서 서로 끝없이 연결되어 있다.

다양한 지식을 접함으로써 한층 깊숙이 흐르는 지혜에 도달할 수 있다.

이 지혜는 자양분이 풍부한 지하수처럼 당신의 정신을 윤택하게 만든다. 그러한 지혜야말로 일반교양이라고 부르는 데 어울릴 것이다.

드러커는 경영의 대가로 유명하지만 서재에 경영서는 없었다고 한다. 대신 문학서, 역사서, 철학서가 많이 놓여 있었다. 만년의 드러커 집을 방문한 밥 버포드는 탁자 위에 미생물학 책이 놓여 있던 것이 인상적이었다고 회상한다.

"잘 모르겠어요, 가르쳐주세요." 이 한마디의 힘

전 세계 모든 사람들에게 배울 수 있는 간단한 방법을 아는가. 이 방법이면 가르칠 생각이 없는 사람에게도 배움을 얻을 수 있다.

다른 사람의 말에 충실히 귀를 기울인다.

드러커는 무언가를 배울 때 전 세계의 지인들에게 전화 등으로 주변 정보를 듣고 다녔다. 그야말로 세계가 도서관인 것이다. 친구는 말할 것도 없이 경영자, 대학 제자 등 최대한 폭넓은 인간관계를 통해 이야기를 들었다.

'최고의 인맥을 가진 드러커였기에 가능했던 게 아닐까?' 그렇지 않다.

누구나 당장 실행할 수 있는 방법이다.

다른 사람에게 모르는 것을 물어봄으로써 무의식중에 자기 안에 새로운 지식 채널을 만들어낼 수 있다. 모든 분야에서 배움의 회로를 개방하자. 그러기 위해 지금의 자신에게 없는 다양한 지식을 받아들일 각오가 필요하다.

다른 사람의 말에 귀를 기울이는 행위는 자기 내면에 다양한 지식 채널을 양성하는 것이다.
바꿔 말하면 자기 안에 건전한 갈등을 끌어들이는 것이다.

한편 다른 누군가가 당신의 지식을 필요로 할 수 있다. 그때는 당신도 세계의 지적 네트워크의 일원이라고 자각하며 협력하자.
전문가 간의 네트워크만큼 지(知)의 발전에 도움이 되는 것은 없다. 그리고 다행히 세상의 전문가들은 자기 분야의 지식에 관심을 보이는 사람에게 의외로 관대하다.

"잘 모르겠어요, 가르쳐주세요" 하고 용기 내어 문을 두드려보자.

배움을 하루하루의 행동으로 옮긴다

　배움의 욕구는 강렬한 내면적 충동을 동반한다. 그러한 충동에서 생겨난 목표를 구체적인 행동으로 옮길 수 있는지가 배움의 성과를 좌우한다.

　배움의 정상에 서려면 배울 채비를 하고 정보도 모아서 산기슭까지 간 뒤 조금씩 올라가야 한다. 등산하는 감각으로 목표를 작은 행동으로 옮겨보자.

회계 보고서를 읽을 수 있게 한다

↓

회계학 전문서를 5권 읽는다

↓

읽을 회계학 책을 5권 선정한다

그 행동을 위해서 하루에 쓸 수 있는 시간을 고려한다. 그다음에는 현실적으로 바로 시작할 수 있는 수준의 작업량을 설정해야 한다.

책 읽기로 치면 '하루 5페이지씩 읽는다'는 식으로 조금씩 목표를 향해 전진한다. 아주 작은 행동이지만 착수할 수 있으면 성공이다.

그리고 당신이 그 일을 계속 배워나갈지 그만둘지를 알려주는 것은 피드백이다.

기껏 열심히 하는데 느닷없이 다른 누군가가 "그 일은 너와는 안 맞으니까 그만둬"라고 말한다고 해서 그 얘기를 곧이곧대로 받아들일 필요는 없다.

하지만 피드백 결과, 그 일이 그만두기의 대상이 되었다면 그것은 바로 당신이 스스로에게 하는 지적이다. 그럴 경우 자신의 마음의 목소리에 진지하게 귀를 기울여야 한다. 자신에게도 개방적이고 객관적인 자세를 유지할 수 있도록 항상 주의를 기울이자.

가르치면서 더 깊이 배운다

자신의 지식을 한층 체계화하기 위해서 드러커는 젊은 시절부터 교단에 섰다. 가르침으로써 깊이 배울 수 있기 때문이다. 가르치는 것만큼 학문을 객관적이고 체계적으로 배워갈 수 있는 기회도 없다.

배움의 회로를 개방하기 위해서는 직접 가르쳐보는 것이 가장 좋다.

가르친 경험이 있는 사람은 금방 이해할 것이다. 무언가를 가르칠 때는 그동안의 지식을 철저하게 들춰내야 한다.

그때 자동적으로 '무엇을 아는가' 그리고 '무엇을 모르는가'라는 당신에 대한 단순하면서 중요한 정보를 알 수 있다.

그렇기 때문에 신입 연수의 강사, 사친회의 임원 등 다른 사람들 앞에서 이야기를 하거나 가르칠 기회가 생기면 수락해보는 게 좋다. 그 일을 통해 자신의 내면에 있는 의외의 강점을 발견할 가능성이 높다.

드러커는 쓰고 가르치며 상담하는 활동을 평생 계속한 사람이다.

이 세 가지 지적 활동에서 가장 많이 배운 사람은 드러커 자신이었다. 그는 쓰고 가르치며 상담에 응하면서 독자나 학생, 내담자에게서만 배운 것은 아니었다. 이러한 활동들을 통해 자기 자신에 대해 더 깊이 배웠다.

'나 이외에 모두가 스승'이라고 한다. 진정한 피드백의 달인이 되면 이 세상 모두가 내 스승이 된다. 이것이 배움의 회로가 완전히 열린 상태다.

그리고 그때에는 당신 자신도 스스로에게 스승이 된다.

오늘, 실행하라

당신 주변에는 자격증을 몇 개씩 가졌음에도 불구하고 전혀 활용하지 못하는 사람은 없는가? 혹은 자신의 커리어 형성에 필요한 공부를 시작했지만 어느새 그 학문을 활용하는 것을 잊어버린 사람은 없는가?

사람은 살아 있는 동안 계속 변한다. 한때의 열정은 지속되지 않는 경우가 더 많다. 배움의 열정을 실행하는 것은 조금씩 미루다가 아예 잊어버릴 수도 있다.

다행히 우리에게는 피드백 수첩이라는 최강의 아군이 있다.

자신과의 대화를 계속해서 강점이나 그만둘 것을 알면 다음에 무엇을 해야 할지는 저절로 보인다. 신중하게 생각하며 목표를 세워 하루의 행동으로 옮기다 보면 그 사이에 처음의 목표를 잊어버리는 일은 없을 것이다.

피드백이라는 궁극의 회로의 존재를 알고 그 방법론을 배웠다. 이제 당신은 자기다운 행복한 인생을 창조하기 위한 출발선상에 서 있다.
미래는 단 하나에 달려 있다.

"이 책을 덮고 지금 당장 실행하! 느냐, 마느냐."

이것은 내가 하는 말이 아니다.
경영학의 아버지 드러커가 한 말이다.

보물은 당신 안에 잠들어 있다.

그 보물을 자신의 손에 넣을 수 있는지는 당신에게 달려 있다.

내가 드러커의 집을 방문한 것은 2005년 5월 7일이었다. 문을 열어 준 사람은 드러커의 딸 세실리였다. 상냥하고 활발해 보이는 여성이었다.

그녀의 뒤에는 식탁으로 보이는 탁자가 빛을 내고 있었고 더 뒤에는 넓은 거실이 있었다. 창문으로 작은 수영장이 보이고 캘리포니아의 햇살이 들어와서 하얗게 반사광을 내고 있었다. 실내는 수묵화처럼 검정색과 흰색이 절묘하게 섞여 있었고 곳곳에 일본 분위기의 장식품도 눈에 띄었다.

내 시야에 붉은 카디건을 입고 등나무 의자에 앉은 장신의 노인의 모습이 들어왔다. 노인은 아무 말도 없이 평온하게 의자에 온몸을 맡기고 있었다. 그 풍격은 그야말로 대사상가의 모습이었다.

드러커가 나에게 직접 가르쳐준 것을 한마디로 요약하겠다.

"성실히 귀를 기울이고 자신의 눈으로 현실을 본 뒤 자신의 머리로 생각하라."

내 인터뷰는 '정보기술이 사회를 어떻게 바꾸는가'라는 주제였지만 그가 거기에 대해 한 말은 다음의 한 문장에 다 들어있는 것 같다.

현실을 있는 그대로 지각하고(Feed)
자신의 행동으로 돌아간다(Back)

바로 피드백의 본질이다.

피드백 수첩을 쓸수록 나는 피드백 수첩을 쓰는 습관이 수백 년 된 창고에서 차분하게 술을 빚어내는 과정과 비슷하다고 느낀다. 피드백 수첩을 쓰면서 자신이라는 흔한 소재에서 신비로운 맛이나 향긋하면서도 쓴 맛 같은 것을 발견하기 때문이다. 그리고 오래 묵힌 술처럼 수첩은 사용할수록 손에 멋지게 착 감겨오는 맛이 있다.

무엇보다 드러커는 피드백 분석을 거의 평생에 걸쳐 실천해왔는데 그 효과가 "놀랍다"고 이야기했다. 나는 이 놀라움을 한 사람이라도 더 많은 사람에게 전하고 싶다. 피드백 수첩은 21세기를 살아가는 우리에게 드러커가 건네준 바통의 하나라는 생각이 든다.

　이 책을 출판하는 데 도움을 주신 분들께 특별히 감사의 뜻을 전한다.

이사카 야스시(井坂康志)

참고문헌

· 우에다 아쓰오·이사카 야스시, 《드러커 입문 신판》
· 코난 도일, 《주홍색 연구》
· J.헌터/이사카 야스시 역, 「지식노동자를 위한 셀프 매니지먼트」(《문명과 매니지먼트》 (드러커 학회)제8호, 2012년)
· 피터 드러커, 《피터 드러커의 자기경영노트》, 한국경제신문사, 2003
· 피터 드러커, 《피터 드러커, 창조하는 경영자》, 청림출판, 2008
· 피터 드러커, 《피터 드러커 자서전》, 한국경제신문사, 2005
· 피터 드러커, 《미래사회를 이끌어가는 기업가 정신》, 한국경제신문사, 2004
· 피터 드러커, 《비영리단체의 경영》, 한국경제신문사, 2003
· 피터 드러커, 《21세기 지식경영》, 한국경제신문사, 2003
· 피터 드러커, 《프로페셔널의 조건》, 청림출판, 2012
· 밥 버포드, 《밥 버포드, 피터 드러커에게 인생 경영 수업을 받다》, 국제제자훈련원 (DMI), 2015
· 브루스 로젠스타인, 《피터 드러커를 공부하는 사람들을 위하여》, 디자인하우스, 2013

하루 10분+4개의 다짐으로 인생을 바꾸는

드러커 피드백 수첩

1판 1쇄 발행 2017년 3월 3일
1판 2쇄 발행 2017년 3월 28일

지은이 이사카 다카시+피드백 수첩 연구회
옮긴이 김윤수
펴낸이 고영수

경영기획 이사 고병욱
기획편집1실장 김성수 **책임편집** 이은혜 **기획편집** 윤현주 장지연
마케팅 이일권 이석원 김재욱 곽태영 김은지 **디자인** 공희 진미나 김경리 **외서기획** 엄정빈
제작 김기창 **관리** 주동은 조재언 신현민 **총무** 문준기 노재경 송민진

펴낸곳 청림출판(주)
등록 제1989-000026호

본사 06048 서울시 강남구 도산대로 38길 11 청림출판(주) (논현동 63)
제2사옥 10881 경기도 파주시 회동길 173 청림아트스페이스 (문발동 518-6)
전화 02-546-4341 **팩스** 02-546-8053
홈페이지 www.chungrim.com
이메일 cr1@chungrim.com
블로그 blog.naver.com/chungrimpub **페이스북** www.facebook.com/chungrimpub

ISBN 978-89-352-1153-1 (03320)